Couvertures supérieure et inférieure
manquantes

876

« Raoul lui plonge son arme dans la poitrine, en disant :
Reçois la bannière des Francs. »

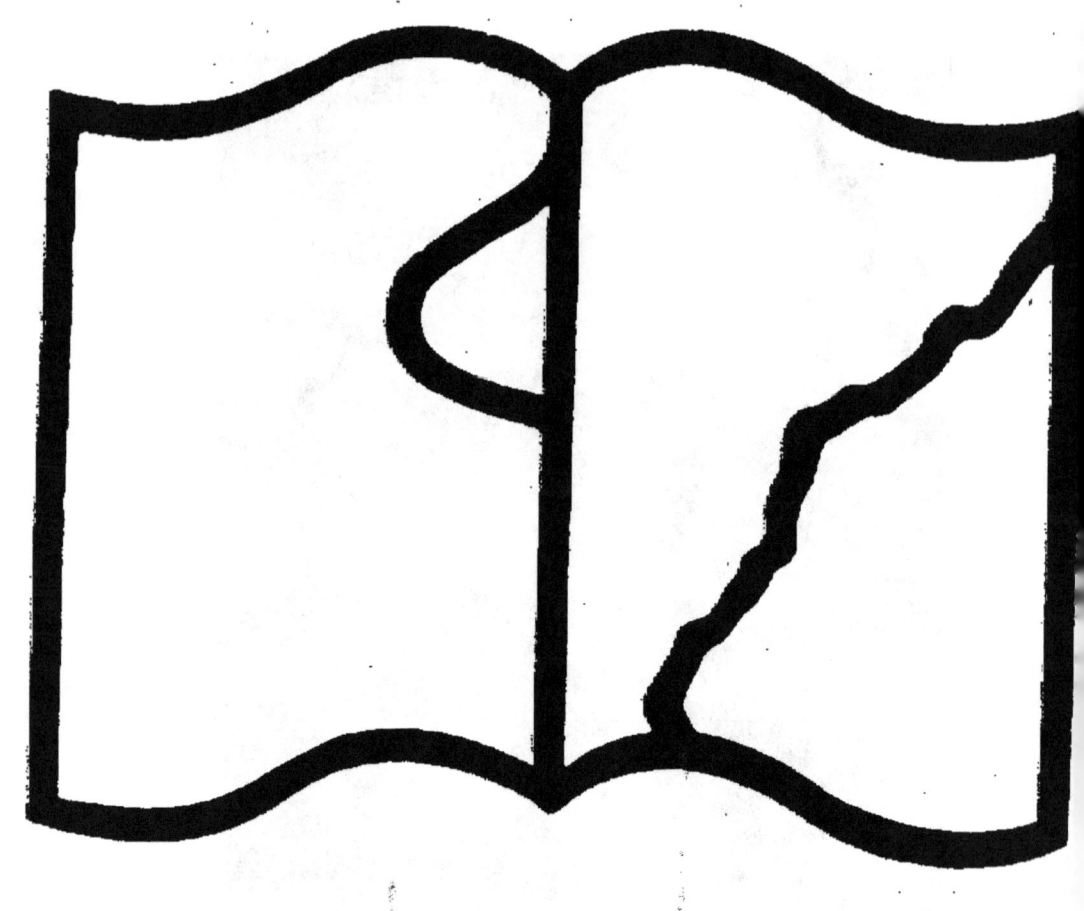

Texte détérioré — reliure défectueuse
NF Z 43-120-11

LÉGENDES
BOURGUIGNONNES

RÉCITS HISTORIQUES ET LÉGENDAIRES

RAOUL DE MONT-SAINT-JEAN

PHILIPPE POT — PETITES LÉGENDES

PAR M. L'ABBÉ E. B***

CURÉ DE VOLNAY

> Colligam spicas, quæ fugerint manus
> metentium. RUTH II, 2.
> Je recueillerai les épis échappés aux
> mains des moissonneurs.

DEUXIÈME ÉDITION

A MA SŒUR

MARIE-ÉMILIE B***

—

HOMMAGE FRATERNEL

OFFERT A LA DOUCE ET PIEUSE COMPAGNE DE MA VIE

PRÉFACE

La Bourgogne est, avec la Bretagne, le pays des charmantes traditions : ses sites les plus pittoresques et ses vieilles abbayes avaient leurs pieuses légendes ; ses forêts et ses châteaux avaient leurs récits chevaleresques ou fantastiques.

Quelques-uns de ces poétiques souvenirs ont été publiés : tout le monde connaît la légende de *Gabrielle de Vergy* et le roman de *Gérard de Roussillon*.

La plupart sont demeurés inédits.

Beaucoup sont perdus : nos révolutions les ont effacés, en détruisant les sanctuaires et en renversant les tourelles et les donjons.

Il faut se hâter de recueillir ceux qui restent encore, avant que la génération qui les conserve soit descendue dans la tombe.

Errant à travers les forêts et les montagnes, visitant les ruines des cloîtres et des castels de la Bourgogne, j'ai eu la bonne fortune de découvrir plusieurs de ces légendes.

Les unes sont de riches épis. Ayant les proportions d'un poëme, et se rattachant aux croisades, elles m'ont semblé pleines d'enseignements et d'intérêt. *Tebsima*[1], *Raoul de Mont-Saint-Jean* et *Philippe Pot*, qui en sont les héros, sont des preux qui ont quelque chose de la vaillance de Roland et de la piété de saint Louis.

Les autres, naïves et brèves, m'ont paru gracieuses comme des fleurs des blés.

Il m'eût coûté de laisser perdre ces épis et ces fleurs, oubliés dans le champ du passé; les réunissant, j'en ai fait la gerbe de Ruth.

Volnay, en la fête de la Présentation de Notre-Seigneur
et de la Purification de la sainte Vierge (2 février 1872).

---

[1] *Tebsima* est publié dans un volume à part. (*Note des éditeurs.*)

RAOUL DE MONT-SAINT-JEAN

ou

LE PRISONNIER DE MANSOURAH

ÉPISODE DE LA PREMIÈRE CROISADE DE SAINT LOUIS

LÉGENDE DU XIIIᵉ SIÈCLE

> Frater in angustiis comprobatur.
> Prov. xvii, 17.
> Le frère se connaît dans l'affliction.

RAOUL DE MONT-SAINT-JEAN

CHAPITRE I

Raoul de Mont-Saint-Jean.

Le château de Mont-Saint-Jean est une des principales forteresses de la Bourgogne; son donjon, flanqué de quatre tourelles, est défendu par de larges fossés et une haute et épaisse muraille que protégent dix grosses tours [1]. Bâti sur l'angle aigu et saillant d'une montagne, ce fier castel ressemble à un chevalier qui, ayant une main sur son épée et l'autre sur sa hache d'armes, est prêt au combat. C'est la féodale demeure de haut et puissant seigneur Guillaume de Mont-Saint-Jean, qui est en grand renom de bravoure et de prud'homie.

C'est par une belle journée de l'an 1248 : le ciel est sans nuage; les bois sont verts; les prés sont en fleur, et les champs de froment ondulent sur les coteaux.

[1] Courtépée, tome IV, art. *Mont-Saint-Jean*.

Deux femmes sont assises près d'une fenêtre ouverte de la grande salle du château. L'une est en habit de deuil; les années et plus encore les chagrins ont ridé son front et flétri son visage; sa figure est empreinte de cette austère beauté que donnent de nobles traits, des cheveux blancs et une grande douleur chrétiennement portée. Ses mains filent des vêtements pour les pauvres. L'autre, Marguerite de Bourgogne [1], est rayonnante de jeunesse et de charmes; elle est parée d'une robe rose et d'un corsage bleu; elle berce un enfant qui s'endort. Elle a devant elle une petite table sur laquelle on voit des coquillages pleins de vermillon, d'or, de pourpre, d'azur et de carmin : elle va peindre la dernière page d'un magnifique livre d'heures. Ce sont les deux châtelaines.

L'une est arrivée au terme de la vieillesse; elle a beaucoup souffert, et son âme pressent de nouvelles douleurs. L'autre est gaie et insouciante, comme on l'est à vingt ans; elle est l'idole de son époux et de sa famille; elle est heureuse d'être mère; tous ses rêves sont tissus d'or. L'une est au matin de la vie, et l'autre touche au crépuscule du soir.

Une vigne qui grimpe autour de la fenêtre ogivale forme le cadre de ce vivant tableau, dont les personnages rappellent les suaves figures des belles verrières du XIIIe siècle.

---

[1] Fille de Hugues IV, duc de Bourgogne, et d'Yolande de Dreux, petite-fille de Louis le Gros. Marguerite, mariée au jeune sire de Mont-Saint-Jean, mourut en 1263.

Souvent le fuseau s'arrête et le pinceau demeure suspendu; les deux dames contemplent le splendide paysage qui se déroule sous leurs yeux. Du côté de l'orient, on voit au pied du château le village de Mont-Saint-Jean avec ses maisons blanches, son église gothique et sa flèche élancée; plus bas on aperçoit un moulin, dont la roue tourne au milieu d'un massif de saules et de peupliers; des chevaux et des génisses paissent dans les hautes herbes; des prairies déroulent sans fin leur nappe diaprée le long d'une petite rivière; sur les collines les laboureurs cultivent la terre, et les jeunes filles chantent en sarclant les blés. Au couchant, le paysage prend un autre aspect; il est semé d'étangs, de villages, de châteaux et de forêts qui se déploient comme un océan de verdure sur une suite de mamelons et de monticules, qui forment un amphithéâtre que couronne la ville de Saulieu.

C'est surtout de ce côté que se portent les regards des châtelaines : les deux sires de Mont-Saint-Jean sont à la chasse; et le jeune Raoul [1] a promis à sa mère et à Marguerite, son épouse, de redire sur son cornet d'ivoire les incidents de la journée.

Les chasseurs sont perdus dans l'immense forêt; c'est à peine si le vent apporte quelques notes expirantes du cornet du jeune seigneur. Quelquefois les sons semblent se rapprocher, ils s'élèvent, ils éclatent à travers les rochers et les grands arbres; mais

---

[1] D'après les vieilles chartes, le jeune sire de Mont-Saint-Jean s'appelait Guillaume; nous le surnommerons Raoul dans notre récit, pour le distinguer de son père, qui portait le même prénom.

bientôt ils s'éloignent et meurent dans l'espace.

« Mère, dit la jeune femme, jamais la chasse ne fut plus ardente. La bête fauve est infatigable; elle franchit les ravins et les collines, elle fait mille circuits dans la profondeur des bois. Les limiers poursuivent sans doute le vieux sanglier qui désole nos campagnes, et que nos époux cherchent depuis si longtemps. L'âme de Raoul est ivre de joie. Écoutez comme retentit le cornet d'ivoire; on dirait une charge guerrière.

— Marguerite, Raoul aime trop les périlleuses aventures, les chasses, les joutes et les tournois.

— C'est la passion des nobles âmes.

— Ma fille, c'est pour nous l'annonce de prochaines douleurs. Ce matin, un mendiant me racontait que monseigneur le roi de France avait pris la croix et se disposait à partir pour l'Orient. Marguerite, je crains qu'à cette occasion vous n'ayez à verser des larmes amères, et je redoute d'être contrainte d'achever le sacrifice commencé il y a quinze ans.

— Mère, que voulez-vous dire? Quelles sont ces larmes? quel est ce sacrifice?

— Ne m'interrogez pas; si Dieu nous envoie cette épreuve, nous aurons le temps de pleurer.

— Je vous en conjure, parlez sans mystère.

— Puisque vous le voulez, je vous révèlerai mes chagrins et mes craintes. Il y a quinze ans, j'étais la plus heureuse des mères; j'avais autour de moi quatre fils, forts et vaillants comme leur père, et une fille belle et vertueuse comme un ange. Clo-

tilde était la joie de mon cœur et l'ornement du château; ce fut elle qui éleva Raoul, mon sixième enfant; aussi une profonde tendresse unit ces deux âmes.

« Tous les jeunes seigneurs du duché désiraient la main de l'angélique jeune fille : son père la donna au sire d'Antigny, un des plus nobles et des plus braves chevaliers de la Bourgogne. Qu'il m'en coûta de quitter Clotilde! mais ce n'était là que le prélude d'une séparation bien autrement cruelle!...

« Quelques mois après la cérémonie des noces, les deux époux étaient assis à notre foyer. Le sire d'Antigny était triste et rêveur : nous l'interrogeâmes; il nous déclara que, pour l'emporter sur ses rivaux, il avait fait à Jésus et à la Vierge vœu d'aller guerroyer pendant une année en Terre-Sainte.

« — Mon fils, s'écria Guillaume, à quels travaux et peut-être à quels malheurs vous êtes-vous condamné! N'importe, il faut accomplir votre vœu en bon chrétien et en loyal chevalier. Je ne vous laisserai point partir seul, j'irai avec vous sur la terre d'Orient.

« — Nous suivrons notre frère, dirent à leur tour mes quatre fils aînés.

« — Et moi, ajouta Clotilde, moi la cause de ce lointain et périlleux voyage, j'accompagnerai mon époux. »

« J'avais tant redouté l'éloignement de ma fille, et je perdais en un instant tous ceux que j'aimais! Je me mis à crier et à sangloter. J'essayai, par mes larmes et mes prières, de détourner mon noble seigneur et mes enfants de ce pèlerinage; tout fut inutile!

« Quand vint le jour du départ, je reconduisis les voyageurs jusqu'à ce vieux noyer que vous voyez là-bas près du moulin de la prairie. Là je fis de dernières et vaines instances.

« Ne pouvant fléchir mon époux et mes fils, je m'adressai à Clotilde : « Ma fille, lui dis-je, reste avec moi pour me consoler de l'absence de ton père et de tes quatre frères. Laissons aux guerriers les courses lointaines et les périlleuses aventures; à nous faibles femmes il faut une vie de solitude et de prière. Reste avec moi, pour m'aider à souffrir. Toi qui ne contristas jamais ta mère, voudrais-tu le faire en ce moment où son cœur est mortellement blessé?... »

« Raoul s'était suspendu au cou de Clotilde et lui disait en l'embrassant : « Petite mère, de grâce, demeure avec nous!... »

« La pauvre jeune femme avait affecté jusque-là un visage calme et résigné, quoique son cœur fût plein de larmes; à cet instant, elle ne put se contenir davantage; laissant déborder ses pleurs, elle me dit : « O mère, vous savez combien je vous aime! mais, vous le voyez, il faut nous quitter. Une fille doit suivre son père, une épouse doit s'attacher aux pas de son époux, et une sœur doit accompagner ses frères. Si je ne vais avec eux dans le pays d'outre-mer, qui les soignera s'ils sont malades ou blessés?... Mère, consolez-vous; Dieu bénira notre voyage, et dans deux ans nous serons près de vous. »

« J'embrassai plusieurs fois les pèlerins; je leur dis un douloureux adieu, et je demeurai sous le vieux noyer, enchaînant dans mes bras Raoul, à peine âgé de douze ans, qui voulait suivre ses frères. Il tendait les mains à sa sœur, et criait : « Petite mère, emmène-moi!... »

« Marguerite, que Dieu vous préserve d'un pareil déchirement de cœur!

« Les voyageurs s'éloignèrent rapidement : ils disparurent au détour du chemin, dans le fond de la vallée. A ce moment, Clotilde se retourna une dernière fois; elle salua le château, le clocher du village et le noyer sous lequel se tenaient sa mère et son jeune frère. Puis, levant les yeux au ciel, elle joignit les mains et se prit, sans doute, à fondre en larmes.

« Je n'eus point la force de répondre à ce suprême adieu. Ah! chère enfant, Dieu veuille que je ne t'aie point contristée : tu étais déjà si dolente, et tant de maux t'attendaient en Orient!

« Je ramenai Raoul. Que le castel me parut sombre et solitaire! Je me dévouai à l'éducation de mon unique enfant. Je ne voulais point qu'il fût exposé aux combats; dans mes rêves de mère je le destinais à l'autel. Celui-ci, au moins, me disais-je, consolera mes chagrins, et priera pour ceux qui sont partis et qui peut-être ne reviendront plus!

« Je le confiai au vieux chapelain du château, qui était très-habile dans les lettres et la peinture.

« Raoul porta à l'étude l'ardeur et la ténacité qui le caractérisent. Il se plaisait avec ses livres et ses pinceaux. Dans ces laborieuses années, il devint le gentilhomme le plus lettré de la province, et il écrivit et peignit ce livre d'heures dont vous coloriez la dernière page, et qui est votre plus riche joyau.

« Quelque chose m'inquiétait sur l'avenir de Raoul, c'était sa belliqueuse nature. Dans les heures que lui laissait l'étude, il s'élançait dans le vallon; il bondissait avec les enfants du peuple à travers la prairie; il luttait avec les plus forts, et défiait les plus agiles; il franchissait des fossés profonds et des haies épineuses. Il montait sur des chevaux indomptés, et les faisait galoper jusqu'à ce qu'ils fussent vaincus par la fatigue. D'autres fois, il rangeait les enfants en bataille, et simulait avec eux des combats et des sièges. Je désirais élever une colombe, et je voyais apparaître le regard et les serres de l'aigle!...

« Quand Raoul chantait les louanges de Dieu ou balançait l'encensoir dans la chapelle, je reprenais vite mes chères illusions : il avait la voix et la grâce d'un séraphin. Dans mon orgueil de mère, je le voyais prêtre, élevant à l'autel l'hostie sainte; puis, pontife, bénissant les foules prosternées. Ces rêves dorés étaient pour moi, dans ces jours de larmes, comme le reflet de l'arc-en-ciel dans un ciel pluvieux.

« Pendant ce temps que devenaient les pèlerins?
« Il y avait quatre années qu'ils étaient partis. Par une nuit d'hiver, je veillais seule avec Raoul dans cette grande salle. Le ciel était sombre; une

neige épaisse couvrait la terre; le vent gémissait à travers les créneaux. Tout à coup une voix demande l'hospitalité. Le pont-levis s'abaisse; le voyageur est introduit au château; ses pas retentissent dans les corridors déserts.

« J'ai reconnu ces pas; tressaillant de joie, je me lève; à cet instant la porte s'ouvre; je vois un chevalier enveloppé dans un long manteau couvert de givre : c'est le sire de Mont-Saint-Jean.

« — Ah! mon cher seigneur, lui dis-je en me jetant dans ses bras, c'est vous!... Où sont mes fils? viendront-ils demain?

« — Non, répondit-il en secouant tristement la tête.

« — Où sont-ils?

« — Au ciel!... »

« Cette parole, si douce et si consolante par elle-même, est d'une ineffable amertume pour un cœur de mère.

« — Le sire d'Antigny, demandai-je éperdue, a-t-il regagné son manoir?

« — Il est mort!

« — Et ma fille?... »

« Guillaume ne répondit point.

« — Où est Clotilde? Qu'est devenue Clotilde? »

« L'infortuné père se couvrit le visage de ses mains.

« — De grâce, monseigneur, dites-moi ce qu'est devenue ma fille? Est-elle morte?...

« — Plût au Ciel!

« — Que pouvait-il lui arriver de pire que la mort?

« — Elle est captive du musulman!... » murmura le baron d'une voix étouffée.

« Cette parole fut comme un glaive qui me transperça le cœur. « Clotilde, m'écriai-je à mon tour, est captive du musulman! » et je tombai évanouie. Quand je revins à moi, Guillaume, m'arrosant de larmes, me pressait contre sa poitrine; et Raoul, se roulant à mes pieds, criait : « Ma mère! ma mère! » et il appelait sa sœur et ses frères. »

La vieille châtelaine s'arrêta, accablée par ces souvenirs. Marguerite pleurait; une de ses larmes tomba sur le livre d'heures et effaça une fleur à demi coloriée.

Un gracieux incident vint rompre ce douloureux silence.

Des hirondelles avaient maçonné leur nid au sommet de la fenêtre ogivale; elles étaient si familières sous ce toit hospitalier que, malgré la présence des deux dames, elles donnaient la pâture à leurs petits. L'un d'eux se laissa tomber et voleta à travers la grande salle. Marguerite le poursuivit. L'enfant qui dormait dans son berceau s'éveilla; la mère lui offrit le petit oiseau. Aussitôt le père et la mère de l'hirondelle se mirent à voltiger avec inquiétude autour de la fenêtre, et remplirent l'air de cris plaintifs. « Ma fille, dit la vieille baronne, rendez à ces oiseaux leur petit : on sait trop dans cette demeure combien souffrent un père et une mère dont on a ravi l'enfant. » Marguerite obéit; mais, voulant reconnaître l'oiseau au retour du printemps, elle attacha à son cou un fil de soie qui était rouge comme un collier de corail.

La jeune femme, s'étant assise, plaça son fils sur ses genoux, et dit : « Mère, racontez-moi, je vous prie, comment ma sœur est tombée aux mains des infidèles.

— Clotilde, arrivée en Palestine, reprit la baronne, revêtit une légère armure, et fut dans les combats l'inséparable compagne de son époux; elle tenait sa bannière, pendant qu'il frappait de la hache et de l'épée.

« Un jour, la troupe des chevaliers bourguignons, qui formait l'avant-garde de l'armée chrétienne, fut envoyée pour explorer le désert. Elle s'avance dans la solitude; tout est paisible : elle s'avance encore; elle est loin du corps de l'armée. Autour d'elle, elle ne remarque nulle trace de l'ennemi.

« Tout à coup les musulmans, qui se sont cachés pour tromper leurs adversaires, se lèvent. Ils s'étendent comme des nuées au sommet des montagnes; ils descendent comme des torrents dans la vallée.

« La petite phalange chrétienne, appuyée contre un bois, apparaît au sein de la tourmente comme un vaisseau battu par la tempête. Longtemps elle fait bonne contenance; mais peu à peu, sous les assauts continus de ces flots frémissants, elle voit disparaître un à un ses héroïques débris.

« Le sire d'Antigny est le premier mortellement atteint; il combat encore, mais bientôt il chancelle et ne peut plus lever son épée. Clotilde saisit le glaive sanglant, elle soutient son époux et l'entraîne mourant au bord de la forêt, où s'est cachée une fidèle servante qui l'a suivie en Orient.

« Guillaume frappe de terribles coups, et sonne du cor pour annoncer sa détresse à l'armée chrétienne. De nouveaux musulmans, qui accourent dans le lointain, semblent seuls entendre ce signal d'alarme. « Mes fils, s'écrie-t-il, que Dieu ait nos âmes, nous sommes tous perdus; mais, de grâce, faisons bien, et vendons chèrement notre vie. »

« Le sang des infidèles coule à flots; les armures en sont teintes, la terre en est fumante. Mais, hélas! le noble seigneur voit tomber successivement ses hommes d'armes. Ses fils luttent comme des héros; la terre est jonchée de morts, il y a un champ de carnage autour de chacun d'eux. Ils tombent aussi! ils se couchent comme des lions au milieu des cadavres de leurs ennemis.

« Le sire de Mont-Saint-Jean est demeuré seul; il est comme le grand mât qui apparaît encore au milieu des flots quand le navire a sombré. Il frappe et sonne du cor. Malheur aux musulmans qui l'approchent! ils tombent morts à ses pieds. La lutte devient de plus en plus inégale; le coursier du baron s'est abattu, percé de mille coups. L'invincible chevalier, montant sur un roc, continue de frapper et de sonner du cor; seul il tient tête à l'armée musulmane... Mais il sent ses forces s'épuiser, il va mourir de lassitude. Soudain le courage lui revient au cœur, il entend les clairons de l'armée chrétienne, et il voit à l'horizon briller les lances et flotter les bannières. A cet aspect, les infidèles fuient comme la poussière qu'emporte le vent du désert.

« Guillaume, maître du champ de bataille, cherche ses fils; il espère qu'ils respirent encore, il les soulève entre ses bras, il les appelle des noms les plus tendres : « Beau fils, dit-il à chacun, vous êtes digne de votre race; donnez un regard à votre père et une parole d'adieu pour votre mère! » Leur bouche est muette, et leurs yeux sont fermés.

« L'infortuné père gagne la forêt, et cherche Clotilde. Mille fois il répète son nom; l'écho répond seul à sa voix. Il découvre sous un vieux figuier le corps du sire d'Antigny : il est dépouillé de son armure, et sa tête est horriblement fendue. Deux musulmans gisent à ses côtés. « Beau sire, lui dit-il en l'embrassant, que Dieu place votre âme en son saint paradis! vous aussi vous êtes de la famille des vaillants. » Dans sa douleur, il demande à ce pauvre mort de lui révéler où est Clotilde. Puis il appelle sa fille avec désespoir; Clotilde ne répond point : elle a été enlevée pendant l'orage de la bataille!

« L'armée chrétienne est arrivée; elle creuse une fosse profonde dans le sable, et y dépose les hommes d'armes. Elle emporte les corps des chevaliers, et les ensevelit en terre sainte avec grand deuil.

« On a découvert, caché parmi les morts, un Arabe légèrement blessé; on panse ses plaies; Guillaume lui donne un cheval et l'envoie chercher Clotilde. Il lui promet cent besants d'or s'il revient, et mille s'il peut ramener Clotilde. Il le charge d'offrir aux chefs musulmans, pour la rançon de sa fille, la somme ordinairement exigée pour le rachat de dix chevaliers.

« L'Arabe reparut trois jours après au camp des chrétiens. Il était seul! Les émirs n'avaient point voulu rendre la captive!... « Va, s'étaient-ils écriés en s'adressant au messager, va dire au sire de Mont-Saint-Jean qu'il nous a fait trop de mal pour que sa fille lui soit rendue. Il nous donnerait la rançon de cent chevaliers, il nous donnerait la France, que nous garderions la prisonnière. Va lui dire que Clotilde n'est plus en Palestine; elle s'achemine vers l'Égypte, où elle ornera le harem d'un prince musulman. »

« Pendant trois années, Guillaume parcourut l'Orient pour obtenir la délivrance de sa fille. Il sollicita en sa faveur les grands maîtres des templiers et des hospitaliers. Il implora le secours de l'empereur de Constantinople et des princes d'Antioche, d'Édesse et de Saint-Jean-d'Acre. Il fit offrir de vendre ses terres et son château. Tout fut inutile! et il lui fallut rentrer dans son manoir, laissant ses fils ensevelis dans une terre étrangère, et sa fille entre les mains des musulmans!...

« Marguerite, ce qui ajoute à mon chagrin c'est que Clotilde, lorsqu'elle fut enlevée, était sur le point d'être mère. Qu'est devenu son enfant? En voyant le vôtre si heureux, je pense souvent à cet être infortuné, et je me dis : Est-il mort avant sa naissance? A-t-il reçu le baptême? Adore-t-il Jésus-Christ? N'est-il point élevé dans la haine du Dieu pour lequel mourut son père? Oh! si vous saviez tout ce que ces questions ont de désolant pour une mère. Marguerite! depuis le trépas de mes fils et la perte de Clotilde et de son enfant, je suis la plus malheureuse des femmes. Vous vous étonnez peut-être de me voir souvent pleurer; étonnez-vous plutôt si je vis encore : il me semble porter un poids lourd comme cinq cercueils, et j'ai au cœur une plaie qu'aucun baume ne pourra guérir.

— Mère, dit la jeune châtelaine, ayez confiance. Jésus, qui s'est exilé sur la terre d'Égypte, ne délaissera point la pauvre captive; la benoîte Vierge et saint Joseph veilleront sur elle et son enfant.

— Ma fille, c'est là mon unique espoir, c'est ma consolation suprême. O mon Dieu, ayez pitié de Clotilde! ayez pitié de son enfant! Vierge sainte, puisque la route de la patrie est fermée devant eux, je vous en conjure, soutenez-les dans le chemin du ciel.

— Mère, à côté de ces douleurs, le Seigneur a placé des joies, il vous a donné le plus aimable des fils; Raoul a pour vous la tendresse de Clotilde.

— Marguerite, je n'ai point encore épuisé mon amer calice; j'aperçois au fond de la coupe une large goutte de lie : en la regardant, mon âme se trouble et mon cœur se remplit d'angoisse.

— Quel malheur redoutez-vous encore?

— Je crains que Dieu ne me demande le sacrifice de mon dernier enfant.

— Non, non, il le laissera près de vous pour être la consolation de votre vieillesse.

— Marguerite, écoutez et jugez si mes craintes sont superflues. Raoul, à la nouvelle de la captivité de sa sœur, s'écria : « Mère, consolez-vous ; je grandirai ; j'irai dans les pays d'outre-mer, et je ramènerai Clotilde.

« — Ah ! cher enfant, lui répondis-je, demeure plutôt près de nous ; sois comme Benjamin sous la tente de Jacob, après la perte de Joseph. De grâce, ne va jamais sur cette terre d'Orient qui dévore ceux qu'on lui envoie.

« — Mère, reprit-il, il vaut mieux mourir que de sentir sa sœur aux mains des musulmans. »

« Alors se révéla toute son humeur guerrière. A l'étude des saints livres il joignit la lecture des poëmes héroïques ; sa jeune âme se passionna pour Roland et Olivier ; il rêva d'être vaillant comme ces preux. Il composa en l'honneur de Roland une ballade qui est un véritable chant de guerre ; elle transporte ceux qui l'entendent ; elle ferait affronter la mort si elle retentissait au sein des batailles. Quand Raoul la sonne sur son cornet d'ivoire, les coursiers hennissent, et les laboureurs et les pâtres la redisent dans la campagne. Raoul ne quittait ses livres que pour s'exercer au maniement des armes ; il apprenait à dresser les chevaux les plus fougueux, et à se servir de la lance et de l'épée. Il portait dans ces rudes exercices un indomptable courage et une rare dextérité. Quand on lui demandait pourquoi cette fiévreuse ardeur, il répondait : « J'ai hâte de savoir manier les armes pour aller demander ma sœur aux musulmans. »

« Un brillant succès vint surexciter son âme. Deux ans s'étaient écoulés depuis le retour de Guillaume, quand il plut à votre noble père, le duc de Bourgogne, de donner un grand tournoi dans sa bonne ville de Dijon. Il y convoqua la noblesse de la province et celle de France et de Champagne.

— Mère, dit la jeune femme, racontez-moi tous les incidents de ce magnifique tournoi; je ne l'ai point vu, j'étais alors pensionnaire dans une abbaye de bernardines.

— A cette fête, reprit la châtelaine, j'aurais préféré ma solitude et mes larmes; je n'aime point ces joutes qui ne sont pas sans périls pour les combattants; mais il fallut y accompagner mon époux, qui était connétable de Bourgogne. Nous partîmes sans prévenir Raoul. « Laissons-le, me dit Guillaume, à sa vie d'étude; il sera trop tôt mêlé au tumulte des armes. »

« Les luttes furent vives et brillantes; on simula des combats et des siéges. Une tour fut prise et reprise dix fois par de vaillants hommes de guerre. Aux grandes luttes succédèrent les combats singuliers : que de lances rompues ! que d'écus brisés ! c'était merveille de voir la force, l'adresse et la courtoisie des tenants et des assaillants.

« Le dernier jour des fêtes est arrivé, six chevaliers sont demeurés vainqueurs; trois appartiennent à la France, deux à la Bourgogne, et un seul à la Champagne. Guillaume est le premier de ces preux. On va décerner les prix.

« Tout à coup survient un jouteur inconnu ; son

casque est couvert de rouille, son écu est voilé d'un crêpe, son armure est trop grosse pour sa taille; il monte un cheval farouche comme un coursier sauvage. La noblesse, parée des plus riches costumes, sourit à l'aspect misérable de l'étranger; le peuple, au contraire, souhaite bonne fortune au pauvre gentilhomme. L'assemblée demande que ce nouveau champion soit introduit dans la lice et qu'il se mesure avec les vainqueurs : les uns veulent humilier ce téméraire, d'autres soupçonnent un habile homme caché sous cette armure.

« L'inconnu déclare à ses adversaires que la dame de ses pensées est plus belle que les leurs, et qu'il est prêt à le soutenir contre tout venant.

« — Quelle est cette dame? dit avec ironie un chevalier français; c'est sans doute une fille des champs? elle vous a donné, pour combattre, un cheval pris à la charrue de son père.

« — Mon humble monture ne craint point votre superbe destrier. J'ai hâte de mesurer mon épée avec la vôtre.

« — Votre armure est bien vieille, pour supporter le choc de mes armes.

« — Si mon armure est vieille, mon bras est jeune et vigoureux. »

« Les deux jouteurs en viennent aux mains. Six fois ils courent l'un sur l'autre, et six fois leurs lances se brisent en faussant leurs cuirasses. Au septième choc, le cheval de labour renverse le magnifique destrier, et l'inconnu étend sur l'arène le brillant chevalier.

« — Grâce à votre coursier vous avez vaincu, s'écrie le frère d'armes du baron français.

« — Monseigneur, répond l'intrépide tenant, prenez mon cheval, donnez-moi le vôtre, et joutons ensemble. »

« Le défi est accepté. La lutte est longue et opiniâtre; mais à la fin le Français tombe désarçonné, au milieu des murmures de la noblesse et des acclamations du peuple, qui se passionne de plus en plus pour son héros.

« Le plus jeune des chevaliers bourguignons vient à son tour provoquer l'inconnu. Ayant remarqué la supériorité de son adversaire à cheval, il demande à se battre à pied. « Volontiers, » répond le vaillant champion en bondissant à terre.

« Les rivaux sont en présence; leurs épées se croisent; elles retentissent sur les armures et font jaillir des étincelles. L'espace qui sépare les combattants devient plus étroit: ils sont pied contre pied, poitrine contre poitrine; quand ils reculent d'un pas, c'est pour revenir avec plus de violence. C'est la joute la plus brillante du tournoi : longtemps la victoire est indécise; mais l'inconnu frappe si rudement sur le casque de son adversaire, que le chevalier bourguignon est étourdi; il chancelle, et un violent coup d'épée, porté en pleine cuirasse, l'étend sur le sol. La noblesse murmure, et le peuple trépigne de joie.

« Le vainqueur est ruisselant de sueur; mais le succès l'enivre. il rappelle de nouveaux combats. L'honneur de la chevalerie française et bourguignonne est engagé ; les seigneurs des deux nations crient au sire de Mont-Saint-Jean, le héros des précédentes journées, d'entrer en lice avec l'inconnu et de le mettre à la raison.

« Guillaume se présente sur son cheval de bataille. Cette fois l'inconnu ôte son casque, et, mettant un genou en terre, baise la main du connétable en disant : « Mon noble père, plutôt mourir que de combattre contre vous ! »

« Guillaume reconnaît et embrasse son fils. C'était Raoul ! Il s'était revêtu d'une vieille armure ; il avait pris un cheval dans la prairie, et était venu au grand tournoi demander sa part de gloire.

« La foule est saisie d'admiration en voyant que l'invincible jouteur est à peine âgé de dix-huit ans. Elle l'acclame, et lui demande le nom de la beauté pour laquelle il a si vaillamment combattu.

« Raoul s'avance au milieu de l'arène ; il salue avec grâce la duchesse et les nobles dames qui sont aux tribunes ; il salue monseigneur de Bourgogne et les barons ; il salue le peuple. Puis, d'une voix émue, il entonne une ballade dont voici le refrain :

> La dame de mon cœur,
> Las ! las ! est prisonnière
> Sur la terre étrangère :
> C'est Clotilde, ma sœur !...

« Il redit dans des stances pleines de poésie la beauté et les vertus de Clotilde : sa tendresse pour son époux, son courage et ses malheurs. Il conjure la Vierge de veiller sur elle ; il supplie Jésus de le conduire en Orient et de lui accorder d'ouvrir la prison de la captive. Il est si ému, que des larmes se mêlent à ses chants.

« La noblesse et le peuple applaudissent, en disant que le tenant d'un pareil amour était digne de vaincre. Le duc et les sires de Joinville et de Châtillon, juges du tournoi, proclament Raoul le héros de ces fêtes guerrières ; ils lui décernent le grand prix : c'est un magnifique cheval de bataille et une brillante armure semée de fleurs d'or.

« Quand Raoul a revêtu son nouveau costume, il ne ressemble plus à l'humble gentilhomme dont l'apparition avait suscité des rires ; il a l'aspect d'un prince. L'assemblée remarque qu'il n'a point chaussé les éperons d'or, car il n'est point chevalier ; il a suspendu ces éperons au pommeau de son épée.

« Les dames me félicitent d'avoir un tel fils ; je pleure sur ce triomphe, car il m'annonce le prochain départ et peut-être la perte de mon unique enfant !...

« Les joutes poétiques succèdent aux joutes de la chevalerie : des divers points de la France des troubadours [1] et des trouvères [2] sont accourus pour se mesurer. Les chantres de la langue d'oc et ceux de la langue d'oïl [3] se divisent en deux phalanges.

[1] Poëtes du midi de la France.
[2] Poëtes du Nord.
[3] La France parlait alors deux dialectes : la langue d'oc, ou provençale, était celle du Midi ; la langue d'oïl, ou romane wallonne, devenue

Ils font entendre tour à tour de pieux cantiques, de joyeuses ballades, d'ingénieux fabliaux et de malins sirventes. Il y a entre eux de charmants assauts de poésie, d'esprit et d'harmonie.

« Thibault comte de Champagne, et les autres juges sont longtemps avant de pouvoir prononcer de quel côté est la victoire; ils trouvent plus d'art, de souplesse et de grâce dans les chants des troubadours; mais, en revanche, ils remarquent plus d'énergie, de sel, de naïveté et de fraîcheur dans ceux des trouvères. Enfin, après une dernière joute, ils déclarent que les chantres du Midi ont vaincu ceux du Nord.

« Fiers de leur triomphe, les plus renommés des troubadours provoquent à des combats singuliers les plus célèbres des trouvères. Il y a entre ces rivaux des luttes brillantes comme celles qui ont illustré le tournoi des chevaliers.

« Au grand désespoir du comte de Champagne, le premier prix est mérité par le roi des troubadours: les trouvères sont vaincus dans leur patrie; les poëtes de la Provence l'emportent sur ceux de France et de Bourgogne. La langue d'oc a triomphé de la langue d'oïl.

« Thibault aperçoit Raoul confondu parmi les chevaliers. Il l'appelle. « Jeune seigneur, lui dit-il, avez-vous composé la ballade que vous venez de nous chanter?

« — Oui, monseigneur.

---

plus tard notre français, était celle du Nord. La dénomination de ces langues vient du mot employé par chacune d'elles pour exprimer le *oui*.

« — Eh bien, vous aussi vous êtes poëte. Placez-vous parmi les trouvères, et chantez; la ballade de Clotilde mérite d'être entendue après les pièces qui nous ont charmés.

« Les trouvères sont heureux d'ouvrir leurs rangs à ce nouveau champion. Les troubadours eux-mêmes l'accueillent avec courtoisie. Ils sont d'autant plus gracieux qu'ils se croient plus assurés du triomphe; pour aspirer au grand prix il faut un chant tendre et un chant de guerre, les poëtes venus du Midi pensent que le jeune trouvère n'a pour tout bien que la charmante ballade de Clotilde.

« Le jeune homme s'excuse d'avoir l'audace de se mesurer avec d'illustres jouteurs; il le fait uniquement, dit-il, pour déférer aux ordres de monseigneur de Champagne. Il chante la ballade; son âme est émue, sa voix est attendrie. Il communique à l'assemblée sa douleur et sa tendresse : des pleurs coulent de tous les yeux.

« — Raoul, s'écrie le comte de Champagne, c'est grand dommage que vous n'ayez pas un chant de guerre à nous faire entendre, le grand prix ne sortirait pas de Bourgogne.

« — Monseigneur, répond le jeune trouvère, quelquefois, quand je suis seul dans les forêts, je sonne sur le cor une autre ballade que j'ai composée en l'honneur de Roland. Vous plaît-il de l'entendre?

« — Chantez, répond Thibault. — Chantez! chantez, s'écrie la foule. — Courage! courage! » ajoutent les trouvères.

« Il y a grand émoi dans la phalange des troubadours. Il se fait un solennel silence : on est dans l'attente; c'est après avoir entendu Raoul que les juges décideront lesquels l'emportent des poëtes de la langue d'oc ou de ceux de la langue d'oïl. Tous les regards se portent sur le jeune homme; il est dépositaire de l'honneur de la Bourgogne et de la gloire des trouvères.

« Comme Roland en face de l'ennemi, Raoul sent son courage grandir; il porte en lui le feu et l'âme de son héros. Il célèbre d'une voix inspirée les exploits du plus vaillant des preux, de celui qui fut le bouclier et l'épée de la *France*, le vainqueur des Saxons et le fléau des Sarrasins. Il trouve des accents sublimes pour redire le dernier combat de Roland à Roncevaux, et le deuil de la France et de Charlemagne à la nouvelle de son trépas.

« Le jeune chantre transporte l'assemblée, il l'enflamme d'une fureur guerrière, et, quand il répète le refrain de la ballade, les pieds frappent en cadence et les voix s'unissent à la sienne comme un bruyant tonnerre. Déjà il a redit deux fois la chanson de Roland, et on la réclame encore.

« — Jeune homme, s'écrie avec dépit le héros des troubadours, si vous voulez être un véritable trouvère, chantez comme nous en vous accompagnant de la harpe ou de la mandoline.

« — Illustre poëte, répondit Raoul, je n'ai jamais touché de la harpe ni de la mandoline; mais je sais un peu sonner de l'instrument aimé de Roland;

que l'on me donne un cor, et j'accompagnerai ma ballade. »

« Le duc demande au chef de ses musiciens le grand cornet d'ivoire que l'on sonne quand les troupes bourguignonnes marchent au combat. Raoul le reçoit; il chante chacune des strophes de l'hymne guerrier, puis il en redit le refrain sur le cor. Les sons du mâle instrument éclatent avec vigueur et se déploient avec majesté; ils dominent la grande voix de la foule, et mettent le comble à la fièvre héroïque qui transporte les âmes.

« — Raoul, s'écrie le comte de Champagne en embrassant le nouveau trouvère, vous avez vaincu par la beauté de vos chants et les sons mâles que vous savez tirer du cor : on croirait, en vous écoutant, entendre l'écho de la vallée de Roncevaux, quand pour la dernière fois Roland sonna de son *Olifant*. » En disant ces mots, Thibault, aux applaudissements de la foule, passe au cou du vainqueur le collier d'or et de diamants qui est le grand prix de la joute.

« Après ce double triomphe, Raoul, demeuré humble et doux comme un enfant, vient à moi, jette sur mes épaules le collier d'or, et dit en me serrant dans ses bras : « Mère, recevez cet hommage de votre fils; il espère un jour vous offrir un présent plus cher à votre cœur; vous le voyez, maintenant je suis fort et je sais manier l'épée; je n'attends plus que le moment où je pourrai vous rendre Clotilde »

« Marguerite, la passion de Raoul pour les

armes, sa tendresse pour Clotilde nous le raviront bientôt : vous verrez qu'il nous quittera pour suivre le roi de France à la croisade. Mon Dieu, que je suis malheureuse! d'un côté je voudrais le retenir, et de l'autre je voudrais qu'il me rendît ma fille. Raoul partira, je connais son cœur; mais il ne reviendra plus, et j'aurai perdu mon dernier enfant!... Marguerite, dans mes jeunes années, j'ai vu un frère se précipiter au milieu des flots pour sauver sa sœur : tous deux furent dévorés par l'abîme, et leur mère mourut de chagrin. Je crains que ce ne soit là l'image prophétique de ma vie!

— Mère, dit la jeune femme, ne craignez rien; depuis ce tournoi, qui a décidé de notre mariage, des liens puissants sont venus enchaîner Raoul à ce manoir : il a fait serment de m'aimer, et Dieu lui a donné un fils.

— Marguerite, votre époux vous aime, il chérit votre enfant; mais vous verrez que le souvenir de Clotilde et le bruit des batailles parleront plus vivement à son cœur.

— Ah! que dites-vous? Raoul me délaisserait après avoir juré solennellement de m'aimer!... Pourrait-il abandonner son enfant? Non, jamais. »

La vieille châtelaine se tut : il lui coûtait de rompre le charme de si douces illusions.

Le vent qui venait de la forêt apportait les notes joyeuses et triomphales du cor : Marguerite s'enivrait de ces sons qui respiraient l'allégresse et la sécurité.

« Mère, s'écria-t-elle, la chasse touche à sa fin ; la bête fauve est vaincue, elle a reçu le coup de grâce. Raoul ne partage point vos noirs pressentiments ; écoutez avec quelle gaieté il salue la mort du vieux roi des bois. »

CHAPITRE II

Raoul prend la croix.

Les deux seigneurs reviennent de la chasse : ils apparaissent à la lisière de la forêt. Ils sont montés sur de blanches cavales ; tous deux ont la stature haute et le regard fier. Le visage du vieux sire de Mont-Saint-Jean est bronzé par le soleil d'Asie ; une large cicatrice au front ajoute à la majesté de cette martiale figure. Les traits de Raoul sont empreints aussi d'une mâle beauté ; mais ils ont quelque chose de plus doux : on sent que ce jeune homme allie à l'âme chevaleresque de son père le cœur pieux et tendre de sa mère.

Les deux gentilshommes chevauchent lentement. A leur suite marchent six piqueurs qui portent sur un brancard un énorme sanglier, dont la tête penchée laisse sur la terre une trace sanglante. Le cortége est fermé par une meute ardente qui hurle de joie.

Les chasseurs franchissent le pont-levis du château. Les nobles dames se lèvent et saluent du haut de la fenêtre. Guillaume reste avec ses serviteurs; il fait dépecer le sanglier et ordonne le festin du soir.

Raoul monte d'un pas alerte à la grande salle; il met un genou en terre, et baise respectueusement la main de sa mère; puis il pose ses lèvres sur le front de Marguerite. On s'est quitté le matin, et on se revoit avec autant de plaisir que s'il y avait dix années.

« Mignonne, dit le jeune chasseur à son épouse, avez-vous achevé de peindre la dernière page de votre livre d'heures?... Mais non, s'écrie-t-il en jetant un regard sur le missel, vous avez même terni une fleur à demi coloriée.

— Votre mère, répond Marguerite, m'a raconté les désastres des pèlerins sortis de ce manoir pour visiter la Terre-Sainte; en apprenant leurs étranges malheurs, je n'ai pas eu la force de peindre, je n'ai su que pleurer. Une de mes larmes est tombée sur le livre d'heures et a maculé les peintures fraîchement faites. Raoul! Raoul! de grâce, n'allez jamais guerroyer dans les pays d'outre-mer. »

Le jeune seigneur presse son épouse contre sa poitrine; il s'assied près d'elle, prend le pinceau et rend à la fleur flétrie son éclat primitif. Il achève la charmante page du splendide missel. Pendant ce travail, Raoul raconte les incidents de la chasse : elle a été émouvante, plusieurs limiers sont morts, et un imprudent piqueur a été un instant en péril. Marguerite parle à son tour de l'hirondelle tombée de son nid et du fil de pourpre mis à son cou.

On cause avec expansion; on admire la sérénité du ciel et les magnificences du soir. Le soleil est descendu à l'horizon; ses rayons s'étendent comme une nappe d'or sur l'étang voisin; des cerfs, des biches et des chevreuils, sortis de la forêt, boivent au bord de l'eau. Un vent frais ride la surface de l'onde et fait frissonner les joncs et les glaïeuls.

Les varlets arrivent dans la grande salle; ils servent le repas du soir.

Les deux époux continuent de tenir leurs regards fixés sur les teintes dorées du ciel, et d'échanger de douces paroles.

La vieille châtelaine est pensive; elle voit un voyageur qui chevauche rapidement dans le vallon; il passe près du moulin de la prairie; il est sous le noyer témoin des adieux de Clotilde; il a gagné le village; il est proche du manoir. Elle se demande avec anxiété : Qu'est-ce que ce voyageur? Elle avertit Raoul de l'arrivée de l'étranger. « Mère, s'écrie le jeune seigneur, qu'il soit le bienvenu, il fêtera avec nous le trépas du vieux sanglier de la forêt. »

Cet hôte est accueilli avec la distinction qu'il mérite : c'est le héraut d'armes de monseigneur de Bourgogne. Marguerite lui demande des nouvelles de ses chers parents. On se met à table : la joie et la cordialité règnent pendant le festin.

La vieille châtelaine seule est soucieuse : elle redoute quelque funeste message.

A la fin du repas, l'envoyé du duc expose l'objet

de sa mission. « Preux sires de Mont-Saint-Jean, dit-il, je viens vous annoncer, de la part de Monseigneur, que le roi de France, ayant fait vœu d'aller délivrer le tombeau de Jésus-Christ, appelle autour de lui les chevaliers et les hommes d'armes. Le duc de Bourgogne a pris la croix, en s'écriant : « En pareille occurrence, le premier baron du royaume doit suivre son seigneur. »

« Ah ! mon bien-aimé père, vous allez nous quitter !... » dit Marguerite en cachant son visage dans ses mains.

« Le duc, reprend le héraut d'armes, m'envoie dans tous les châteaux de la province chanter la ballade de la croisade, et offrir aux gentilshommes des croix ou des fuseaux; je commence ma mission en visitant le manoir du connétable. Vaillants seigneurs, vous plaît-il d'entendre mon chant de guerre?

— Chantez! répondirent les sires de Mont-Saint-Jean, chantez la ballade de la croisade. »

Aussitôt le visiteur entonne un chant dont l'histoire ne nous a point gardé le rhythme et les paroles, mais dont voici les pensées :

Aux armes, chrétiens, aux armes ! les musulmans ont massacré vos frères de la Terre-Sainte; Jérusalem est captive, et le Calvaire est profané. Les soldats de Godefroy, vos pères, ensevelis dans les champs de la Palestine, se réveillant au bruit des pas des infidèles, ont poussé ce cri du fond de la tombe : Aux armes ! chrétiens, aux armes! Dieu le veut! Dieu le veut !

Le Ciel vous invite aux combats : le roi de France, conduit par la mort aux portes du paradis, a vu Jésus debout sur les collines éternelles : il lui montrait Jérusalem captive et sanglante; et les anges et les élus criaient : Aux armes! chrétiens, aux armes! Dieu le veut! Dieu le veut!

Louis, plaçant la croix sur sa poitrine et agitant l'oriflamme de Saint-Denis, a jeté aux quatre vents ce cri d'alarme : Chrétiens, aux armes! Volons au secours de Jérusalem, allons délivrer le tombeau du Christ! Et la France lui a répondu par la voix du peuple et des barons : Oui, aux armes! aux armes! Dieu le veut! Dieu le veut!

Vaillants seigneurs, revêtez vos armures, montez vos destriers, et partez pour la Terre-Sainte. Il serait le complice du musulman celui qui ne ceindrait pas son baudrier en entendant ce cri de guerre : Aux armes! chrétiens, aux armes! Dieu le veut!

Gentilles dames, présentez à vos époux le casque et la lance, et dites-leur : Jérusalem est captive, courez aux armes, Dieu le veut! — Elle ne serait pas chrétienne la femme qui retiendrait son époux réclamé par les combats; elle serait indigne d'être mère celle qui pleurerait le départ de son fils. Aux armes! chrétiens, aux armes! Dieu le veut!

Console-toi, Jérusalem : bientôt tu verras sous tes murs les descendants des soldats de Godefroy; ils escaladeront tes remparts; ils ouvriront tes portes en criant : Aux armes! chrétiens, aux armes! Dieu le veut! Ils chasseront tes ennemis, et ils arboreront la croix sur tes tours en disant : Le Christ a vaincu! le Christ règne, le Christ commande!

L'air de cette ballade est encore plus entraînant que ses paroles : les sires de Mont-Saint-Jean répètent avec enthousiasme ce refrain : « Aux armes! aux armes! Dieu le veut! » Les dames, au contraire, s'abandonnent à la désolation. « O mère, murmure Marguerite en se jetant dans les bras de la vieille châtelaine, vous ne l'aviez que trop bien prévu, Raoul va nous laisser!... »

Quand le héraut d'armes eut achevé son chant

de guerre, il ouvrit une petite cassette où l'on voyait une lettre, des croix de velours cramoisi et de légers fuseaux. Il prit la lettre et l'offrit au vieux sire de Mont-Saint-Jean, en disant : « Voici le message que vous adresse mon haut et redouté seigneur.

Guillaume brise le sceau ducal et lit ces mots :

« Mon cher connétable, j'ai fait vœu d'accompagner en Orient mon royal seigneur de France. Je confie à votre garde ce que j'ai de plus cher : mon épouse, mes enfants et mes loyaux et aimés sujets. Vous vous attristerez sans doute de ne pas me suivre dans les pays d'outre-mer : pardonnez-moi si je vous impose ce sacrifice, je n'ai point trouvé de mains plus sages et plus fidèles que les vôtres pour leur remettre le gouvernement du duché. Je convie Raoul, notre cher fils, à des joutes plus brillantes que celles du tournoi de Dijon ; elles auront lieu dans les plaines de l'Égypte et dans les champs de la Palestine.

« Hugues. »

En lisant cette lettre, le visage de Guillaume s'assombrit, et des larmes roulent dans ses yeux. « Héraut de Bourgogne, s'écrie-t-il, Monseigneur impose à son vassal un cruel sacrifice ; personne n'a plus que moi le devoir d'aller en Orient : un de mes ancêtres, compagnon de Godefroy, repose au pied du Calvaire ; j'ai enseveli mon gendre et quatre de mes fils dans les champs de la Palestine, et Clotilde, ma fille, est captive en Égypte; leurs voix me crient: Dieu le veut, aux armes! aux armes! Mais je ne puis oublier que j'ai fait serment d'obéissance. Vous direz donc à mon haut et redouté seigneur que j'accomplirai en fidèle sujet et en loyal chevalier ce message, qui m'est plus pénible que la mort. — Et toi, mon fils, ajoute le vieux baron, que vas-tu répondre à l'appel de Monseigneur?

— Je vais prendre votre place aux grands combats de l'Égypte et de la Palestine; j'irai, en votre nom et au mien, venger notre aïeul et mes frères et réclamer Clotilde.

— Ah! noble enfant, tu me consoles de l'inacti[on] à laquelle je suis condamné. Pars, et sois héroïqu[e] comme tes frères.

— Mon père, je vous demanderai une grâce, c'est de me créer chevalier; jusqu'ici vous av[ez] refusé de le faire, attendant qu'une noble cau[se] armât mon bras, en fut-il jamais une plus saint[e]?

— Mon fils, il sera plus glorieux pour toi d'ê[tre] créé chevalier sur un champ de bataille, après av[oir] gagné tes éperons.

— Quand je serai en face de l'ennemi, il m['en] coûterait trop de n'être que simple servant d'arm[es] quand je me sens au cœur assez de courage et a[u] bras assez de vigueur pour frapper moi-même l[e] musulman.

— Eh bien! tu seras fait chevalier le jour du départ pour la croisade.

— Merci, mon père. Je vous jure, foi de gentilhomme, de gagner mes éperons au premier combat. »

Le jeune seigneur prend une des croix de velours et la présente aux châtelaines, afin qu'elle soit attachée à son pourpoint. Ces femmes détournent la tête et se mettent à sangloter.

« Mère, s'écrie Raoul, pourquoi pleurez-vous ?

— Hélas ! comment retenir mes larmes en perdant mon dernier enfant ?

— Consolez-vous, je vais chercher Clotilde.

— S'il eût été possible de ramener Clotilde, ton père l'eût fait après trois années d'efforts.

— Mon père était seul, et moi je vais la redemander avec le roi de France et le duc de Bourgogne.

— Raoul, la terre d'Orient est fatale à notre maison : c'est le tombeau de tes frères et la prison de ta sœur ; si tu pars, un secret pressentiment me dit que tu ne reviendras plus.

— Mère, vous prierez, et Dieu bénira mon entreprise. Pourrait-elle être malheureuse la guerre conduite par Louis, notre sire, le plus preux des chevaliers et le plus saint des rois ? »

La vieille châtelaine se tut : il y avait en elle un rude combat entre l'amour de son fils et la tendresse pour sa fille ; ses bras auraient voulu enchaîner Raoul, et son cœur lui disait : Pars ! rends-moi Clotilde !

Marguerite n'a rien pour contrarier son amour ; aussi ses instances et ses supplications sont pleines d'ardeur et d'entraînement. Cette jeune femme se jette aux pieds de son époux; elle embrasse ses mains qu'elle baigne de larmes; elle fait entendre tour à tour les accents de la plainte, du reproche et de la prière. « Cher seigneur, dit-elle, pourquoi voulez-vous me quitter? Parlez: vous ai-je contrarié en quelque chose?... Que vous a fait cet enfant pour l'abandonner au berceau?... Restez près de moi, Raoul, vous devez m'aider à élever notre fils. Ah! puisque vous aviez le dessein de me délaisser sitôt, pourquoi m'avez-vous enlevée à la maison paternelle? »

Raoul relève Marguerite, il l'embrasse, et dit: « Mignonne, vous êtes et vous serez toujours mon épouse bien-aimée; je mourrais pour vous et notre enfant; mais il faut nous séparer, Dieu et l'honneur m'appellent. Marguerite, si je prenais le fuseau au lieu de la croix, je serais indigne de vous et de votre race; le sang des princes de Bourgogne se révolterait dans vos veines, et vous me diriez: Partez! la mort, s'il le faut, est préférable à la honte. Si je demeurais près de vous, pendant que les chevaliers chrétiens iraient combattre et mourir en Terre-Sainte, le sang de mes frères et les larmes de ma sœur et de son enfant crieraient vengeance contre nous; nous serions maudits de Dieu et l'opprobre des hommes. Que penseraient de Raoul votre père et les chevaliers de France et de Bourgogne? Que diraient de lui le peuple, les barons et les dames qui ont entendu la ballade de Clotilde? Marguerite, je dois partir, Dieu le veut! Vous serez toujours la dame de mon cœur; mais je ne puis oublier que, comme homme de guerre, j'ai pris Clotilde pour la dame de mes pensées. »

Le jeune seigneur eut à soutenir un long et rude combat contre sa mère et son épouse : il lui fallut affronter leurs supplications, leurs cris et leurs larmes. L'amour de Clotilde, le devoir et l'honneur finirent par l'emporter dans ces nobles âmes.

La vieille châtelaine, fixant un regard humide sur un grand crucifix qui était en face d'elle, accomplit son sacrifice en murmurant ces paroles : « Mon Dieu, vous me demandez mon dernier enfant, je vous l'offre. Mais, de grâce, rendez-le-moi après qu'il aura servi votre cause, et avec lui rendez-moi Clotilde ! Exaucez les supplications d'une mère, je vous en conjure par les larmes de la Vierge Marie. »

Marguerite prit la croix en pleurant, et l'attacha au pourpoint de son époux.

CHAPITRE III

Le Départ.

C'est le dixième jour du mois d'août de l'an 1248 : les champs sont moissonnés, et les vignobles commencent à mûrir. Il y a grand bruit aux abords de la ville de Dijon ; les clairons sonnent, et les bannières flottent ; les chemins sont couverts de cavaliers, de chariots et de fantassins. Des multitudes, composées de vieillards, de femmes et d'enfants, suivent avec tristesse les pas des guerriers. Tous les habitants de la province semblent accourir dans la cité ducale, qui s'est pavoisée et a pris des airs de fête.

Une foule immense se presse dans les rues; les places sont encombrées, et toujours arrivent de nouveaux flots de population. La ville bourguignonne, ordinairement si paisible, est houleuse comme une mer agitée : elle mugit, elle gronde; du sein de ses vagues frémissantes s'élèvent des cris, des chants de guerre et le bruit des trompettes.

Pourquoi tout ce mouvement dans la bonne ville de Dijon? C'est que les croisés se réunissent pour leur départ.

Soudain la voix des cloches s'élève du beffroi des églises : cette voix, qui éveille dans l'âme de mystérieuses harmonies, ne fut jamais plus émouvante; elle convie les soldats de la croix à une dernière prière avec leurs proches et leurs amis; elle est le signal d'un adieu qui pour la plupart sera le suprême adieu. La foule se calme, elle est devenue silencieuse et recueillie; elle se précipite dans les chapelles et les églises. Les temples sont trop étroits, des autels se dressent sur les places publiques. Avec quelle ferveur ce peuple prie! Les croisés conjurent le Ciel de bénir leur voyage; les vieux parents recommandent à Dieu leurs fils, les femmes et les enfants supplient Jésus et la Vierge de garder leurs époux et leurs pères.

L'église Saint-Bénigne, la plus vaste et la plus belle de la cité, offre un saisissant spectacle ; on voit flotter sous ses voûtes les bannières aux mille couleurs de la noblesse bourguignonne ; le duc, les comtes, les barons et les chevaliers, couverts de leurs armures, sont agenouillés sur les dalles de la grande nef. Les dames remplissent les collatéraux de la basilique : elles sont abîmées dans la douleur ; elles ont quitté leurs riches parures pour prendre la robe de deuil, que tant d'entre elles ne doivent plus quitter.

Les pierres de ce sanctuaire semblent s'unir à cette religieuse assemblée pour crier vers Dieu : les colonnes s'élancent vers le ciel comme la prière, les arceaux se courbent comme l'adoration. Les tableaux et les verrières, illuminés par un splendide soleil, découvrent des chœurs d'anges, de vierges et de martyrs qui prient dans une atmosphère de gloire et de lumière : on dirait que les élus sont descendus des cieux pour joindre leurs supplications à celles des nobles croisés.

Parmi les dames qui entourent la duchesse, on remarque les châtelaines de Mont-Saint-Jean ; leur chagrin est profond, leurs larmes sont abondantes. La vieille baronne se souvient de Clotilde et des quatre fils qui l'ont quittée pour ne plus revenir ; son cœur est plein de noirs pressentiments. Marguerite, se rappelant combien l'Orient fut fatal à sa famille adoptive, tremble pour son époux. Ces deux femmes contemplent tour à tour le tabernacle où repose Jésus et le sanctuaire où est prosterné Raoul.

Le jeune gentilhomme a passé sa veille d'armes au tombeau de saint Bénigne; il est revêtu d'une tunique blanche; il a devant lui l'armure semée de fleurs d'or, le casque et l'épée, qui furent le prix du grand tournoi : il va être fait chevalier. Il est au milieu des fils des plus illustres familles, mais lui seul captive les regards; on se le montre en murmurant son nom : la gloire qu'il acquit au dernier tournoi est vivante dans tous les souvenirs.

Le saint sacrifice commence : il est célébré par l'évêque de Langres, assisté des abbés de Saint-Bénigne et de Cîteaux. Les mélodies de l'orgue répondent aux chants sacrés, et de l'autel monte l'odorante fumée de l'encens. L'appareil militaire ajoute à la majesté des mystères divins; les cœurs sont émus par les fanfares guerrières qui saluent le Dieu des armées.

On se sent attendri quand les barons, accompagnés de leurs épouses et de leurs filles, s'agenouillent à la table sainte; ces hommes de fer sont aussi pieux qu'ils seront fiers et terribles sur les champs de bataille. Que cette communion est touchante ! c'est le viatique pour les guerriers qui vont mourir sur les plages lointaines; c'est la consolation et l'espérance pour les femmes qui vont demeurer près du foyer solitaire.

Le pontife, s'adressant aux âmes qu'il a nourries du pain des forts, leur dit : « Nobles chevaliers, les Philistins ont envahi de nouveau la Judée; Jérusalem est captive, la sainte Sion pleure ses enfants égorgés et ses autels détruits. Vous les vaillants d'Israël, les lions de Juda, partez. Allez relever les autels de votre Dieu et délivrer vos frères. Allez purger la Terre-Sainte de la présence des descendants d'Édom et d'Amalec. Dans les combats, soyez courageux comme Gédéon, les Machabées, Godefroy et vos pères, les premiers croisés. Soyez doux et cléments dans la victoire : épargnez le sang des vaincus, respectez les femmes, les enfants et les vieillards.

« Chrétiennes, vous les filles de la Vierge du Calvaire, à son exemple, offrez à la croix le sang qui vous est le plus cher. Donnez généreusement à Dieu vos époux et vos fils. Dites-leur : Allez reconquérir le tombeau de Jésus. Le Christ est mort pour nous; pour lui il faut vaincre ou mourir. Nous ne pleurerons pas si vous tombez héroïquement sur le champ de bataille : nous serons heureuses et fières d'être mères ou épouses de martyrs. Mais nous jetterions, comme autrefois les femmes d'Israël, des hurlements de douleur si l'on venait nous annoncer que vous avez lâchement fui le lieu du combat, et que l'arche sainte est aux mains des infidèles. Souvenez-vous qu'il faut monter au ciel avec la palme du martyre, ou revenir à nous avec les lauriers de la victoire.

« Et vous, les fils des preux, aspirants à la chevalerie, Dieu va remettre entre vos mains son épée : portez-la pour sa gloire, la défense de la chrétienté et de la France, la protection du faible, de la veuve et de l'orphelin. N'oubliez pas que désormais, en dignes chevaliers, vous devez être forts contre le démon comme monseigneur saint Michel, et intrépides devant l'ennemi comme David en face de Goliath. »

A ces paroles le cœur des femmes s'affermit, le courage des croisés s'enflamme, et les preux sentent leur main frémir sur le pommeau de leur épée.

L'évêque bénit les armures neuves des jeunes écuyers qui vont être promus à la chevalerie.

Raoul et ses compagnons, pressant sur leur poitrine l'épée bénite, s'agenouillent devant le duc et le connétable, et les prient de les faire chevaliers. « Promettez-vous, disent les hauts barons, d'être fidèles à Dieu et à vos épouses; d'être preux, loyaux, et de suivre toutes les lois de la sainte chevalerie? — Nous le promettons, avec la grâce de Jésus-Christ et la protection de la Vierge, » répondent les jeunes gentilshommes en étendant la main sur les saints Évangiles.

Le duc et le connétable, tirant leurs épées, en frappent les récipiendaires, et les embrassent en disant: « Au nom de Dieu, nous vous créons chevaliers. »

Guillaume de Mont-Saint-Jean, voulant, à cette occasion, acquérir sur son fils une seconde paternité, et armer les mains qui doivent combattre pour Clotilde, crée Raoul chevalier. Il lace le heaume[1] autour de sa tête; il pose la cuirasse sur sa poitrine en murmurant cette prière : « Mon fils, que la pro-

---

[1] Casque de chevalier.

tection du Seigneur soit pour toi une armure plus forte que le bronze et l'acier. » Il lui attache les éperons dorés et dit : « Souviens-toi que tu as promis de gagner ces insignes des preux dès ton premier combat. Reçois-les pour marcher toujours à l'encontre de l'ennemi, et jamais pour fuir : qu'ils te servent à retrouver Clotilde. — Je te remets cette épée, ajoute-t-il en lui ceignant le baudrier, afin que tu ailles reconquérir le tombeau du Sauveur, venger tes frères et délivrer ta sœur. Fais que l'on puisse dire de ce glaive, comme autrefois de la *Durandal* de Roland : c'était l'arme d'un vaillant. »

Les baronnes de Mont-Saint-Jean s'approchent du nouveau chevalier, et passent autour de ses reins une écharpe blanche, frangée d'or, sur laquelle elles ont brodé ce cri de leur cœur : *Seigneur Jésus, gardez-nous Raoul.*

Tous les jeunes chevaliers sont revêtus de leur armure.

L'évêque de Langres donne au duc le bourdon du pèlerin, et lui remet la bannière de Saint-Bénigne. Cet étendard représente sur l'une de ses faces l'image du patron de la Bourgogne, et sur l'autre les armes du duché. Ce gonfalon de pourpre, orné d'épis d'or et de pampres chargés de raisins, flotte à une lance dont le fer servit au sacrifice de l'illustre martyr. A la vue de cette bannière, que la Bourgogne porte seulement aux jours des grandes luttes, les barons sentent battre leur cœur : ce drapeau doit être confié à celui d'entre eux qui sera jugé le plus vaillant.

Hugues s'avance vers ses barons et leur dit : « Nobles seigneurs, tous vous êtes dignes de porter cette bannière : aussi je ne prononcerai point entre vous ; déclarez vous-mêmes celui que vous choisissez. Au plus digne !... »

Au milieu d'un silence solennel, une voix sortie des rangs des nouveaux chevaliers s'écrie : « A Raoul !... — Oui, répond la foule des barons, à Raoul le fils du connétable ! à Raoul le héros du dernier tournoi ! — Ce choix est de bon augure, » reprend le duc de Bourgogne.

Raoul rougit comme une jeune fille. Il s'agenouille aux pieds de Hugues et reçoit le gonfalon, qu'il baise avec respect. « Merci, Monseigneur ! dit-il ; merci, illustres barons ! Je reçois cet étendard comme un hommage rendu à mon valeureux père et un avertissement de courage donné au frère de Clotilde. Je jure de mourir plutôt que de laisser tomber cette sainte bannière aux mains des infidèles ! »

Avant de quitter le temple, la noblesse bourguignonne se prosterne ; les fronts se courbent, les épées et les bannières s'inclinent ; et l'évêque, tenant un soleil d'or où rayonne l'Eucharistie, bénit l'auguste assemblée.

Cette foule brillante s'écoule emportant la bénédiction de son Dieu. Quand les nouveaux chevaliers paraissent au parvis de la basilique, les clairons sonnent en leur honneur. Ils montent sur des chevaux richement caparaçonnés, et brandissent leurs épées devant le peuple qui crie : « Que Dieu soit en aide aux fils des preux ! »

Raoul, à sa haute stature et à son armure semée de fleurs d'or, est reconnu par le bon peuple ; il est salué par ces cris : « Honneur au héros du dernier tournoi ! — Gloire au vainqueur des troubadours ! » Au milieu de ses frères d'armes, sa tenue est si noble qu'il ressemble à un prince entouré de sa cour.

Les dames de Mont-Saint-Jean ne se lassent point d'admirer le nouveau chevalier ; elles contemplent avec orgueil sa bonne grâce et sa fierté ; surtout elles aiment à voir flotter la bannière de Bourgogne entre ses mains, et elles entrevoient dans leurs rêves la figure de Clotilde s'abritant sous ses plis glorieux.

Hugues fait asseoir à sa table les barons et leurs dames, et prend avec eux le repas d'adieu. Il y eut peu de joie dans ce dernier festin, malgré les flots vermeils du volnay, de la romanée et du saint-georges. Il y eut bien, parmi les barons, échange de ces mots charmants, de ces traits spirituels que les chevaliers bourguignons trouvaient partout, sur les champs de bataille comme à la table du duc ; mais rien ne put distraire les dames et les damoiselles, et leur faire oublier qu'elles allaient quitter pour longtemps, et peut-être pour toujours, leurs pères, leurs époux, leurs fils et leurs frères.

Ce repas fut court. Les trompettes retentirent

bientôt au sommet de la haute tour du palais et aux quatre coins de la ville, donnant le signal du départ.

A ce bruit, les cœurs se brisent et les larmes coulent. Les femmes se jettent en sanglotant entre les bras des chevaliers; et ceux-ci ne peuvent retenir leurs pleurs en embrassant leurs mères, leurs épouses et leurs enfants. Ces séparations sont d'autant plus déchirantes, que le voyage doit être périlleux et la guerre sans merci.

Parmi ces groupes douloureux, on remarque Raoul dans les étreintes de sa mère et de Marguerite. La jeune femme ne peut se séparer de son cher seigneur. Elle le voit chevalier et porte-étendard; ces honneurs ne font qu'ajouter à son deuil : elle n'a joui qu'un instant de la gloire de son époux. « Mon Dieu, dit-elle, qu'il m'en coûte de vous livrer Raoul!... Puisque vous le voulez, prenez-le pour les combats; mais, de grâce, rendez-le-moi sain et sauf! » Elle l'embrasse mille fois. « Marguerite, répond le croisé, consolez-vous; je reviendrai, pour ne plus vous quitter. Après une longue séparation et les périls de la guerre, notre séjour ensemble n'en sera que plus doux. »

La vieille mère, pleurant et ne pouvant parler, est suspendue au cou de son fils. « Mère, dit le jeune chevalier, ne pleurez point, je vais chercher Clotilde; bientôt je vous ramènerai votre fille et son enfant. »

Les deux femmes ne peuvent s'arracher à ces embrassements : on dirait qu'elles pressentent que

Raoul les quitte pour longtemps, et que la croisade sera malheureuse.

La trompette a cessé de sonner; le connétable s'avance pour mettre fin à cette séparation. « Femmes, dit-il, cessez d'amollir ce cœur, qui désormais doit être de bronze et se plaire au milieu du carnage et de la mort. Mon fils, voici ta bannière; prends-la, et va gagner tes éperons. Va délivrer le tombeau de ton Dieu et ouvrir la prison de Clotilde. »

Raoul s'arrache des bras des baronnes, prend la bannière, serre la main de sire Guillaume, jette un regard humide de larmes sur sa mère et sur son épouse, et s'éloigne sans pouvoir proférer une parole.

Le duc remet au jeune chevalier le grand cornet d'ivoire qui sert aux troupes bourguignonnes : cet instrument, cerclé d'or et orné de pierreries, imite le bruit du tonnerre, et s'entend à plusieurs lieues quand il est animé par un souffle puissant. « Raoul, dit Hugues de Bourgogne, puisque vous portez la bannière du duché, prenez aussi le cornet d'ivoire, afin de rallier autour de vous les hommes d'armes sur le champ de bataille. Je souhaite que, dans notre expédition, il ne serve qu'à sonner la marche, la charge et la victoire. »

Les coursiers sont frémissants; leurs pieds impatients frappent la terre; ils hennissent en recevant leurs cavaliers. Le grand cornet d'ivoire a jeté au vent ses éclats sonores : c'est le dernier signal du départ. L'armée se met en marche.

Hugues, l'épée nue, s'avance à la tête d'une brillante phalange; il est monté sur un grand cheval de bataille, et domine de son heaume doré tous ses vassaux. A côté de lui, Raoul, sur une cavale blanche, tient haut la bannière de Saint-Bénigne et sonne du cornet d'ivoire. Après eux chevauche la garde ducale, composée de l'élite de la chevalerie de la province. Suivent les grands barons du duché : les sires de Châlon, de Tonnerre, de Vergy, de Vienne, de Charny, de Sombernon, de Montaigu, de Marigny, de Damas, de Baufremont, de Sainte-Croix, de Chastellux et de Brancion. Que ces gentilshommes ont l'air noble et la figure martiale! La plupart portent bannière et sont accompagnés de leurs vassaux. Les bonnes villes de Dijon, de Beaune, d'Autun, d'Auxerre, d'Avallon, et les autres communes du duché, terminent cette longue marche : elles sont représentées par leurs maïeurs; chacun d'eux a sa troupe et son gonfalon.

Ces hommes de la noblesse et du peuple rivalisent d'ardeur et d'enthousiasme. Ils partent chantant l'hymne de la croisade, dont les refrains sont sonnés par les cors et les trompettes. Ils traversent la ville la fierté dans le regard, l'espérance au cœur, et un chant héroïque sur les lèvres. La foule les acclame en criant : « Honneur aux descendants des soldats de Godefroy! — Plein succès aux défenseurs du Saint-Sépulcre! » Du haut des fenêtres les femmes leur jettent des fleurs, avec des paroles d'adieu et des souhaits de victoire.

La duchesse de Bourgogne et les baronnes de Mont-Saint-Jean, appuyées à l'une des fenêtres élevées du palais, regardent en pleurant s'éloigner la belliqueuse phalange. Ces femmes sont insensibles à la grandeur et à la variété de ce spectacle : elles n'aperçoivent, parmi tous ces brillants cavaliers, que Hugues et Raoul; elles ne fixent que le heaume doré et la bannière; elles n'entendent, des chants de guerre et des bruyantes fanfares, que les accents du cornet d'ivoire.

L'armée est déjà loin dans la campagne; elle a franchi les bords de l'Ouche; elle chevauche au milieu des vignobles fameux de la Bourgogne; elle se déroule sur la route poudreuse comme un fleuve de feu; le soleil d'août fait étinceler les lances, les épées, les casques et les armures; elle est à l'horizon.

A ce moment les trois baronnes se lèvent pour apercevoir une dernière fois ceux qu'elles aiment. Le heaume doré paraît, disparaît, reparaît, et s'évanouit à leurs yeux. Elles distinguent plus longtemps la bannière de Raoul; elles souhaiteraient pouvoir l'arrêter; mais l'étendard, en s'éloignant, s'abaisse, s'abaisse encore, s'abaisse toujours, et finit par disparaître.

Ces femmes demeurent immobiles, les yeux fixés sur l'horizon, y cherchant encore, l'une son fils, et les autres leurs époux; mais elles ne découvrent plus que de longs nuages de poussière.

Elles entendent encore les fanfares guerrières; mais les fanfares aussi s'éloignent : peu à peu leurs sons s'affaiblissent; elles n'en recueillent plus que des notes lointaines. Les trompettes se sont tues.

Le grand cornet d'ivoire retentit seul : il sonne la ballade d'adieu que Raoul a coutume de redire à sa mère et à Marguerite en partant pour la chasse. La voix du cor se prolonge quelque temps d'échos en échos ; mais elle aussi finit par mourir.

Il n'y a plus qu'un solennel silence. Les troupes sont loin ; elles se dirigent vers les rivages de la Méditerranée.

La duchesse de Bourgogne et les baronnes de Mont-Saint-Jean, accablées de douleur, tombent sur leurs siéges. « Adieu, s'écrient-elles, adieu, Hugues ! adieu, Raoul ! vous emportez pour longtemps la joie de nos cœurs !... »

Le connétable demeura près de la duchesse pour gouverner la province ; Marguerite et la mère de Raoul allèrent ensevelir leur deuil au donjon de Mont-Saint-Jean.

CHAPITRE IV

Prise de Damiette.

Les troupes bourguignonnes ont traversé la France ; elles arrivent aux plages de la Méditerranée ; elles s'embarquent à Aigues-Mortes, avec l'armée de saint Louis, sur des vaisseaux génois et vénitiens. Les voiles sont tendues ; les rameurs sont à leurs postes ; les prêtres, montés dans la hune des navires, entonnent le *Veni creator*, que continuent le roi, le duc de Bourgogne et leurs vassaux. La flotte s'éloigne en chantant [1].

La mer est belle comme le firmament, qu'elle reflète dans ses eaux ; la brise est favorable. La douce terre de France disparaît aux regards des croisés, qui voguent suspendus entre les deux immensités du ciel et des flots. Ils voient passer tour à tour les rochers de la Corse, les bords enchantés de l'Italie et les côtes de la Sicile ; ils traversent les îles Ioniennes et abordent en Morée, où Hugues descend, avec ses chevaliers et ses hommes d'armes, pour passer l'hiver. Le reste de la flotte continue sa course jusqu'à l'île de Chypre [2], où saint Louis et son armée séjournent en attendant la belle saison.

Les rois de Chypre et de Morée, dignes descendants des héros de la Grèce antique, comprennent la croisade : ils y voient la gloire du nom chrétien et le salut de leurs peuples, menacés, plus que tous les autres, par les rapides conquêtes des musulmans. Ils accueillent saint Louis et Hugues de Bourgogne comme des libérateurs, et ils lèvent des troupes pour seconder leurs efforts.

Le printemps est venu, la mer semble favorable ; le duc de Bourgogne et le prince de Morée partent pour rejoindre le roi de France.

Saint Louis a donné à ses soldats le signal de l'embarquement : les voiles de ses dix-huit cents

[1] 28 août 1248.
[2] Elle y arriva le 17 septembre.

vaisseaux couvrent les vagues. Lui-même part en avant avec quelques navires. Il s'arrête à Limesson, le jour de la Pentecôte, pour ouïr la messe et attendre le reste de son armée.

Là il apprend une désastreuse nouvelle : les vaisseaux partis après lui ont été dispersés par la tempête et jetés sur les côtes de la Syrie. « De quoi, dit Joinville, le roi fut grandement marri, et sa compagnie aussi : et ils demourèrent tout ce jour bien tristes et dolens ; car de deux mille huit cents chevaliers qui s'estoient mis en mer après le roi, il ne s'en trouva à terre avec lui que sept cents. »

Le lendemain de la Pentecôte, le vent étant devenu propice, saint Louis, malgré le petit nombre de ses chevaliers, reprend la mer et fait voile vers l'Égypte. Il rencontre le duc de Bourgogne et le prince de Morée : la joie revient dans son cœur en admirant leur escadre nombreuse et merveilleusement équipée[1]. La flotte chrétienne vogue rapidement.

Les croisés sont en présence de la vieille terre des Pharaons. Ils voient dans le lointain le Nil, qui verse majestueusement ses eaux dans la mer ; il est défendu par une flotte formidable. Ils distinguent à l'horizon Damiette, dont les murailles de granit, les tours et les créneaux semblent défier leurs efforts. Ils ont devant eux une plage douce et facile, sur laquelle les flots expirent mollement ; mais elle

---

[1] Joinville, édition de 1596, c. XXI, p. 60.

est inabordable, comme les bouches du Nil et les remparts de Damiette.

« Nous trouvasmes, dit Joinville, toute la puissance du soudan, qu'il avoit fait mettre là pour la défense du lieu et empescher notre descente. Les soldats de cette armée estoient très bels gens et en bon équipage; ils avoient à leur tête le soudan en personne, qui portoit ses armes de fin or, qui estoient moul^t reluisantes au soleil. Quand les Turcs et les Sarrasins nous aperçurent, à l'instant ils se mirent à faire grand bruit, et sonnèrent leurs cors et nacaires si très fort que c'étoit une chose bien estrange et espouvantable. »

Saint Louis rassemble ses conseillers et ses barons, et leur demande s'il faut tenter le combat.

La plupart lui répondent: « Sire, différons l'attaque; nous sommes trop peu nombreux. Ne nous hasardons point à prendre terre devant une pareille armée : attendons le retour de nos frères dispersés par la tempête : ils ne seront point inutiles pour forcer la barrière de fer qui se dresse devant nous. »

Après les avoir écoutés tous silencieusement, le roi chevalier se lève; une de ses mains tient l'oriflamme de Saint-Denis, et l'autre repose sur la garde de son épée. « Nobles barons, dit-il, vous parlez avec sagesse; mais cette sagesse me semble trop humaine. Vous êtes les soldats de Dieu, et vous ne comptez point assez sur son aide. Il nous faut attaquer. Si nous différons, nos ennemis se fortifieront davantage; notre hésitation les enhardira, et nos hommes d'armes, les croyant redoutables, trembleront devant eux. Or, sachez-le, une armée qui tremble est une armée perdue. Il nous faut attaquer, sans attendre nos frères : nous n'avons point de port pour abriter nos navires, et la tempête, qui a dispersé la flotte au sortir de Chypre, peut l'engloutir ou la briser aux portes de l'Égypte. Si vous redoutez le nombre des Sarrasins, souvenez-vous de Gédéon en présence de Madian et d'Amalec : il lui suffit de trois cents soldats pour défaire une armée nombreuse comme les sables du rivage. Par la voix de la tempête le Seigneur nous a dit, comme autrefois à Gédéon : « Il y a trop de « soldats parmi vous. Les infidèles ne vous seront « point livrés, de peur que vous ne disiez : *Nous* « *avons vaincu par nos propres forces.* » L'armée est peut-être trop nombreuse encore. Avertissez vos gens que si, parmi eux, il y en a qui tremblent ou qui hésitent, qu'ils se retirent. Que les trois cents braves de Gédéon se lèvent, et je les conduirai au combat et à la victoire. »

Électrisés par cette mâle éloquence, les barons s'écrient en agitant leurs bannières : « Aux armes ! aux armes ! Dieu le veut ! — Oui, répondent à leur tour les vassaux, aux armes ! aux armes ! Dieu le veut ! » Et ces cris se prolongent à travers la flotte, répétés par autant d'échos qu'il y a de poitrines humaines.

Les croisés se rangent en ordre de bataille sur

les navires; ils forment une ligne profonde. Saint Louis est à l'aile droite, avec l'oriflamme; son frère, l'impétueux Robert, comte d'Artois, est au centre, avec l'étendard d'azur, semé de lis d'or. Le duc de Bourgogne commande l'aile gauche; ses hommes d'armes sont groupés autour de la bannière de Saint-Bénigne.

Les chrétiens se signent et entonnent le vieux chant des croisades, le *Salve Regina*. Aussitôt la mer écume sous les rames, et la flotte s'avance rapide et menaçante.

Le vaisseau royal, conduit par d'habiles nauteniers, devance les autres. Raoul s'en aperçoit. Il ne veut pas que l'oriflamme précède sur la terre d'Égypte la bannière de Bourgogne : il suspend son bouclier à son cou, et se jette à la nage, tenant son étendard d'une main et de l'autre brandissant son épée. Le premier il parvient au rivage, et plante sa bannière sur le sol humide en jetant ce cri : « Vive Bourgogne ! » Il écarte de son glaive les mains ennemies levées pour saisir l'étendard ; le premier sang qui coule est versé par cet intrépide chevalier.

Les croisés touchent la rive ; ils ont tiré leurs épées, et les trompettes sonnent la charge ; ils abordent la terre avec une telle furie, qu'ils font reculer les musulmans [1].

Les Bourguignons se sont groupés autour de Raoul, qui marche fièrement à leur tête en secouant

---

[1] 15 juin 1249.

sa bannière et en sonnant du cornet d'ivoire. Il se jette au sein des masses profondes ; il communique à ses frères d'armes l'ardeur qui l'anime. Un épouvantable carnage se fait autour de lui ; les rangs ennemis sont moissonnés et broyés. Mais les Sarrasins sont sans nombre : les vivants semblent renaître des morts. Plus le glaive en couche sur le sable, plus il s'en présente à moissonner. Enfin ils plient sous les efforts des Bourguignons.

La droite de l'armée chrétienne offre le même spectacle. Saint Louis et ses barons opèrent des prodiges de vaillance ; ils se fraient un sanglant passage avec la hache et l'épée, et l'oriflamme flotte triomphalement au-dessus des légions musulmanes mutilées et détruites.

Mais le centre est en désordre, et sur le point d'être brisé. Le comte d'Artois se trouve en face des mameluks ; cette vieille bande n'a encore reculé sur aucun champ de bataille ; elle demeure inébranlable comme une tour. C'est en vain que le jeune prince l'assaille avec ses chevaliers : il ne peut la rompre ; et lui-même, s'il n'est promptement secouru, va tomber mort ou captif.

Un sergent à masse accourt prévenir le duc de Bourgogne. Hugues, prenant la bannière et le cornet d'ivoire, dit à Raoul : « Remettez-moi ces insignes : la victoire est assurée de ce côté ; mais monseigneur d'Artois est en éminent péril ; volez à son secours avec le preux sire de Vergy. »

A la tête de leurs hommes d'armes, les deux barons traversent les lignes ennemies comme un ouragan. Ils sont en présence des terribles mameluks, dont la phalange vient de s'ouvrir subitement pour emprisonner dans une muraille de fer le sire de Châtillon, le comte d'Artois et l'élite de ses chevaliers. Ces preux chrétiens, se battant comme des lions, crient : « A l'aide! à l'aide! »

Le moment est solennel. Raoul et le sire de Vergy se précipitent sur la phalange. Les mameluks résistent : chaque pierre qui tombe de cette tour humaine est immédiatement remplacée. Raoul, transporté de rage, prend à deux mains sa masse d'armes, frappe à coups redoublés sur cette muraille vivante, et ouvre une large brèche d'où s'échappent les prisonniers.

Robert et le sire de Châtillon se placent à côté de leur libérateur, et rivalisent de bravoure avec lui. Les mameluks continuent à se défendre avec fureur. On se bat corps à corps. Raoul saisit un jeune émir, le désarme et le livre à ses gens. « Gardez-le avec soin, dit-il; il pourra plus tard servir à la rançon de Clotilde. »

Ce coup de vigueur ajoute à la violence de la lutte. Le captif est le fils de Bibars, chef des mameluks. Le malheureux père, furieux comme le tigre dont on a enlevé le petit, se jette sur ses adversaires : il veut délivrer son fils, et ses soldats essaient de recouvrer leur jeune chef. Le choc est terrible, la mêlée est sanglante. Mais, à cet instant, les ailes victorieuses de l'armée chrétienne se replient sur l'intrépide phalange; de tous côtés cette tour vivante est assaillie : elle s'écroule, et ses débris se dispersent.

Les Francs ont vaincu.

Sur ce champ de bataille, Robert et le sire de Châtillon se jettent entre les bras de Raoul en s'écriant : « Vous serez pour nous désormais un frère : nous vous devons la liberté et la vie; et si pour vous il faut mourir, nous mourrons. » Saint Louis embrasse le jeune sire de Mont-Saint-Jean et lui dit : « Preux chevalier, je vous remercie. Vous avez sauvé mon frère : que puis-je faire pour vous récompenser? — Sire, aidez-moi à recouvrer ma sœur captive des musulmans. — Je vous le promets. » Cette fraternité chevaleresque, ce baiser d'un saint et cette royale promesse furent pour Raoul la digne récompense de sa bravoure.

Cette victoire a ouvert les portes de Damiette. On découvre à l'horizon de nombreuses troupes de cavalerie qui s'éloignent, de grands convois de chariots et de longues caravanes de chameaux qui précipitent leur course : ce sont les Sarrasins qui abandonnent la cité. A cette vue, le roi, transporté de joie et de reconnaissance envers Dieu, appelle le légat et les autres prélats, et leur ordonne d'entonner le *Te Deum*. Au chant de ce cantique, entremêlé de marches guerrières, les croisés s'avancent vers Damiette et y font leur entrée triomphale [1].

Le comte d'Artois et Raoul reçoivent de saint Louis une douce mission : ils sont chargés d'ouvrir

---

[1] Joinville, c. XXI, p. 67.

les cachots où gémissent les chrétiens. Le frère de Clotilde est heureux de cette tâche : il espère trouver sa sœur ou découvrir quelques mots qui le mettront sur sa trace.

Les deux chevaliers reculent d'horreur en pénétrant dans la première prison : elle est jonchée de cadavres dont le sang fume encore. Avant leur départ, les Sarrasins ont massacré ces victimes. Ces martyrs sont noblement tombés : les uns dorment les mains jointes ou les bras croisés sur la poitrine; d'autres ont le sourire sur les lèvres. L'un a tracé sur son front une croix avec son sang; un autre est agenouillé contre la muraille : le trépas semble ne pas avoir interrompu sa prière. Toutes ces figures respirent la paix et la sérénité dans la mort.

Ils ouvrent la prison voisine : elle est pleine de captifs qui ont la terreur dans l'âme. Ces malheureux ont entendu les cris de leurs frères mourants, et ils attendent le bourreau. Combien est douce leur surprise, ils reçoivent des libérateurs! Ces soldats du Christ sont au nombre de cinquante-trois : ils ont vécu vingt-deux ans dans cette sombre demeure; et, pour garder leur foi, ils ont résisté à toutes les séductions et à toutes les tortures [1]. Les uns sont perclus ou aveugles; d'autres sont glorieusement mutilés. Robert et Raoul, émus par l'héroïsme de cette foi, baisent avec respect les glorieuses cicatrices des confesseurs de Jésus-Christ et font briser leurs chaînes. Ils demandent des nou-

---

[1] *Histoire des croisades*, de Michaud.

velles de Clotilde ; mais personne ne peut leur répondre.

Conduits par un vieux geôlier, ils visitent d'autres cachots. Dans l'un, ils remarquent de larges taches de sang desséché; une inscription leur révèle le drame qui s'est accompli dans ce lieu. Ils lisent, au-dessous d'une croix latine, ces mots gravés sur la muraille : « Nous sommes entrés icy pour mourir : que Dieu et la benoîte Vierge aient mercy de nos âmes ! » Ces lignes funèbres sont suivies de vingt-cinq noms, parmi lesquels on distingue ceux de l'élite de la chevalerie française : les Montmorency, les Coucy, les Vergy et les Montfort. L'un de ces martyrs, avant d'expirer, s'est soulevé et a écrit avec son sang cette héroïque et chrétienne parole : *Credo!*

Les deux barons entrent dans une vaste salle : elle est déserte; mais ces murs, couverts d'inscriptions arabes, syriaques, grecques, latines et françaises, racontent quelque chose des tristesses qu'ils abritèrent. En ce lieu, la douleur semble parler toutes les langues et redire toutes les émotions de l'âme captive. Tantôt, sombre et découragée, elle murmure : *Malheur à moi, car mon exil s'est prolongé!... Dieu, mon Dieu, pourquoi m'avez-vous abandonnée?...* Tantôt, pleine d'espérance, elle prie : *Seigneur, j'ai levé mes yeux vers votre sainte montagne, d'où viendra tout mon secours.* D'autres fois, résignée, elle s'écrie : *Bienheureux ceux qui souffrent persécution pour la justice, car le royaume des cieux les attend.* Enfin, entrevoyant le ciel à travers ses larmes, elle chante : *Je me suis réjouie, parce qu'il m'a été dit : Nous irons dans la maison du Seigneur.*

Raoul parcourt toutes ces sentences et lit tout les noms gravés sur la muraille : rien, absolument rien ne lui parle de sa sœur!...

Il interroge le vieux geôlier qui l'accompagne : « N'avez-vous jamais gardé des captives chrétiennes dans ces cachots? — Rarement, répond-il; les Sarrasins n'emprisonnent point les femmes; ils se les partagent et les enferment dans les harems. Il me souvient cependant d'avoir recueilli deux pauvres chrétiennes; elles avaient été enlevées au fond de la Palestine. Elles m'arrivèrent un soir, épuisées de fatigue. L'une était une femme du peuple, l'autre était de noble origine : ses larmes, sa jeunesse et sa beauté inspiraient la compassion. Je reçus ordre de les mettre dans des cellules séparées. Que de peine j'éprouvai de les arracher des bras l'une de l'autre! que de cris elles jetèrent! On eût dit que leurs cœurs étaient étroitement collés, et qu'on les déchirait en les séparant. Il y a de cela près de quinze ans, et je suis encore tout ému de ce souvenir. — Conduisez-nous au cachot des captives. »

Le geôlier fait traverser aux visiteurs une cour spacieuse, et les introduit dans une petite tour. Il ouvre un sombre et humide réduit. Raoul l'explore attentivement : il n'y trouve pas un mot, pas un signe. Le frère de Clotilde sort découragé et abattu.

A la suite de son guide, il gravit plusieurs degrés de la tourelle. Il arrive à une cellule splendidement éclairée par les rayons du soleil couchant. Elle a deux fenêtres : l'une domine les riches plaines de l'Égypte, et l'autre s'ouvre sur le ciel et la mer.

Il parcourt attentivement les murailles : elles sont couvertes de diverses écritures. Il déchiffre avec peine des noms inconnus, des sentences à demi effacées. Tout à coup il remarque une pièce de vers ; cette découverte fait battre son cœur, et son émotion ne fait que croître en lisant ces mots :

> Seulette m'a mon doulx ami laissiée,
> Seulette suis dolente et courroucée,
> Seulette suis plus que nulle esgarée,
> Seulette suis sans ami demourée.
>
> Seulette suis de chascun délaissiée,
> Seulette suis durement abaissiée,
> Seulette suis pour toujours esplorée,
> Seulette suis sans ami demourée.
>
> Seulette suis à Mansourah meniée,
> Seulette suis de ma mère arrachiée,
> Seulette suis de la France exilée,
> Seulette suis sans ami demourée [1].
>
> CLOTILDE.

Raoul n'ose en croire ses yeux ; il relit cette inscription et le nom qui la termine. Il ne s'est point trompé, il est sur la trace de Clotilde ; elle a séjourné dans ce cachot, d'où elle a été conduite à Mansourah. Ivre de joie, le jeune chevalier baise ces lignes douloureuses ; et, se tournant tour à tour vers la France et l'Égypte, il s'écrie : « Réjouissez-

---

[1] Nous avons emprunté plusieurs de ces vers à Christine de Pisan.

vous, ma mère, je suis sur les pas de Clotilde!...
Et toi, sœur bien-aimée, console-toi : non, tu
n'es pas « sans ami demourée » ! Je vais briser tes
chaînes, et te rendre à ta mère et au doux pays de
France ! »

« De toutes les cellules que nous avons visitées,
dit Raoul au geôlier, celle-ci est la moins triste;
elle a de l'air, du soleil et un magnifique horizon :
ce sera la demeure du jeune émir que j'ai pris sur
le champ de bataille. C'est un vaillant homme; je
vous recommande de le traiter avec égards : d'ailleurs, ainsi le veulent la loi chrétienne et les règles
de la chevalerie. »

Cette journée fut heureuse pour Raoul : il avait
gagné noblement ses éperons; il avait acquis la
rançon de sa sœur et découvert sa trace. Jamais
l'espérance ne lui montra plus riant visage.

CHAPITRE V

Bataille de Mansourah.

Le frère de Clotilde va trouver le roi, et, mettant
un genou en terre, il dit : « Sire, j'ai lu sur la
muraille d'un cachot que ma sœur est captive à
Mansourah : je vous en conjure, aidez-moi à la délivrer; tenez votre royale promesse. — Volontiers,
répond saint Louis en relevant le chevalier; car la

clef de Jérusalem est au Caire, et pour aller la prendre nous devons traverser Mansourah. Les gens de mon conseil ont décidé qu'il fallait conquérir l'Égypte et sa capitale, et qu'arrivés au Caire nous forcerions le soudan, maître de la Palestine, à nous livrer Jérusalem et la Terre-Sainte. » Raoul, ravi de joie, baise la main du roi et le remercie.

L'armée chrétienne se met en marche : elle souffre des ardeurs du ciel africain et des attaques incessantes des musulmans. Elle arrive en face de Mansourah ; mais un bras profond et rapide du Nil l'en sépare !... C'est en vain qu'elle tente, pendant de longs jours, de construire une chaussée à travers le fleuve ; la violence des flots et les efforts de l'ennemi détruisent tous les travaux. Le découragement a gagné les âmes.

Un soir, un Arabe se présente au roi ; il promet, moyennant cinq cents besants d'or, de lui montrer un gué facile à franchir. La somme est comptée, et le passage du fleuve est résolu pour le lendemain. Saint Louis charge le duc de Bourgogne et le prince de Morée de garder le camp, pendant qu'il ira avec ses trois frères livrer bataille à l'armée musulmane, qui est sous les murs de Mansourah [1].

Raoul ne peut se résigner à demeurer inactif. « Monseigneur et noble père, dit-il au duc de Bourgogne, les chrétiens ne peuvent aller à Mansourah sans le frère de Clotilde ; permettez-moi de prendre part à l'attaque de la ville où ma sœur est

---

[1] Joinville, c. XXIX, p. 93.

prisonnière. — Je vous le permets. » Le chevalier baise la bannière de Saint-Bénigne et la rend au duc, en ajoutant ces paroles : « Si vous le voulez bien, je garderai le grand cornet d'ivoire : je m'en servirai pour vous indiquer les incidents de la journée, ainsi que j'ai coutume de faire quand je suis à la chasse. — J'y consens. — Merci, cher seigneur ! Si je ne reviens point, dites à mon père que j'ai gagné mes éperons ; portez mes adieux à ma vieille mère et à Marguerite ; embrassez mon jeune fils. — Bon succès ! faites honneur à votre nom et à la Bourgogne. »

Le jeune seigneur part, l'espérance au cœur et la victoire dans les yeux. Il rejoint le comte d'Artois. « Béni soit Dieu, qui nous envoie un si valeureux compagnon ! s'écrie le prince. Porte-enseigne, remettez votre bannière à Raoul, je ne puis la confier à de plus vaillantes mains. »

L'armée longe le Nil. Les templiers ouvrent la marche ; on les distingue à leurs manteaux blancs et à leurs croix rouges ; ils sont suivis des chevaliers de Saint-Jean de Jérusalem. Le comte d'Artois vient après eux ; à ses côtés sont Raoul, Jean d'Orléans, le comte de Salisbury, le sire de Coucy, et d'autres chevaliers qui rivalisent tous de force et d'audace. Le roi, qui se défie de l'impétueux courage de son frère, a hésité longtemps à lui confier l'avant-garde ; il n'a cédé à ses instances qu'en lui faisant jurer de ne rien entreprendre avant son passage. Saint Louis commande le gros de l'armée ; il a sous ses ordres les intrépides comtes d'Anjou et de Poitiers, ses frères; le sire de Bretagne, le connétable de France, Imbert de Beaujeu; le bon sire de Joinville, le vaillant Arnaud de Comminges, les preux sires de Châtillon et Sargines, et l'élite de la chevalerie française.

On est parvenu au lieu du passage : l'aube commence à blanchir le ciel, et les brumes du matin enveloppent les rives du fleuve [1]. Les coursiers frissonnent dans les eaux du Nil. La joie est au cœur des croisés; ils trouvent bon gué et ferme terre. Cependant le comte d'Artois a la douleur de voir se noyer Jean d'Orléans, le valeureux chevalier.

Les templiers et les hospitaliers ont déjà gagné la rive. Robert et ses preux prennent terre à leur tour. En abordant, le comte aperçoit fuir une troupe de Sarrasins qui gardait le passage : à cette vue, il a oublié son serment; il est comme un lion en présence d'un troupeau de gazelles; il se précipite de toute la vitesse de son coursier sur ces mécréants, tue et renverse tout ce qu'il rencontre. Pour sauver leur honneur, les templiers sont contraints de le suivre. Toute l'avant-garde fond sur les fuyards et arrive à l'armée. Surpris et terrifiés, les Sarrasins reculent, abandonnent leur camp et laissent périr au fort de la mêlée Fark-Eddin, leur chef. Le comte, à la tête de chevaliers jeunes et impétueux comme lui, croit pouvoir tout oser; il veut poursuivre l'ennemi. Mais un frère du Temple accourt, disant : « Sire

---

[1] En 1250, « le jour de carême prenant, » dit Joinville.

comte, le grand maître vous fait savoir que vous nous feriez mortelle honte de marcher plus longtemps avant nous : car, d'après les statuts de notre ordre et le commandement du roi, l'honneur de l'avant-garde nous appartient. » Le prince, frémissant, s'arrête.

Il est bientôt rejoint par les grands maîtres du Temple et de l'Hôpital. « Croyez-moi, Messires, leur crie Robert, allons à l'ennemi; achevons la bataille; foulons aux pieds ces troupes éperdues. Que pourrions-nous redouter? Le gros de l'armée est sur nos pas; le roi s'avance à la tête de formidables escadrons. — Seigneur comte, reprend le vieux maître du Temple, je vous en conjure, modérez votre ardeur. Nous sommes en trop petit nombre pour affronter une armée : elle nous envelopperait, et nous serions perdus. Attendons le roi, sa prudence et son bras sont nécessaires pour mener à bien pareille entreprise. »

Ces paroles ont réveillé dans l'âme du comte certains soupçons déjà répandus sur les templiers. Pâle de colère, il s'écrie : « Ah! je reconnais là le langage des moines à épée. On me l'a dit souventes fois, et j'en ai la certitude aujourd'hui, nous serions maîtres de l'Orient depuis un siècle, si ces faux religieux, pour garder leur domination et leur pécune, ne s'étaient mis en travers, par artifice et trahison. Ces vils alliés des musulmans laissent occire les chrétiens. Sera-t-il toujours dit que templier arrêtera la main prête à navrer l'islamisme au cœur?»

A ces mots, tous les frères de l'Hôpital et du Temple crient indignés : « Prince, y pensez-vous ? Nous aurions pris la croix pour trahir le Christ, ruiner son Église et damner nos âmes ! Non ! non ! mille fois non ! — Porte-enseigne, ajoute froidement le vieux maître, pour prouver à Monseigneur d'Artois que nous sommes purs d'un pareil méfait, levez notre étendard et marchons à la mort ! Avec le roi nous étions vainqueurs, sans lui nous sommes perdus. »

Le sage comte de Salisbury, chef des chevaliers anglais, s'efforçant d'apaiser cette querelle, dit à Robert :

« Sérénissime comte, l'avis du grand maître me semble prudent ; ce chevalier, expert en armes et vieilli en ces lointaines contrées, sait mieux que nous, jeunes et inexpérimentés, la manière dont il faut combattre les Orientaux. Or, vous pouvez m'en croire, nous ne serons point blâmés de nous en rapporter à un si sage et si vaillant homme. » Le comte d'Artois, l'interrompant, s'écrie avec mépris : « Voilà bien les renards anglais, ces êtres sont timides. — Comte Robert, réplique Salisbury, j'irai en ce jour si avant dans le péril, que vous n'approcherez pas même de la croupe de mon coursier. — C'est le temps de combattre et non de récriminer et de discourir, crie le fougueux comte ; Raoul ! Raoul, déployez la bannière aux lis d'or ! sus à l'ennemi[1] ! »

---

[1] Matth. Pâris, p. 528 et 529. — Joinville, c. XXIX, p. 95.

Raoul, tout en déplorant la témérité de son chef, est heureux d'obéir et de prendre le chemin de la cité où sa sœur est prisonnière. De leur côté les frères du Temple et de l'Hôpital disent d'une commune voix : « Il vaut mieux mourir que d'être honnis pour avoir perdu notre rang en la bataille. En avant ! en avant !!! » Et tous tombent sur un corps de Sarrasins qui, séparé du gros de l'armée, s'est formé en avant de Mansourah. Cette troupe fuit ; les chevaliers la poursuivent à travers les rues de la cité, et l'exterminent dans les champs, sur la route du Caire.

Les vainqueurs rentrent à Mansourah : ils sont quinze cents, tous braves comme leur épée. Du haut de son palais, Bibars, chef des mameluks et gouverneur de la ville, les a comptés. « J'en jure par Allah, dit-il, pas un ne s'échappera ; je vengerai sur eux la captivité de mon fils et la mort de mes soldats tombés sous les murs de Damiette. » Il ordonne de tendre les chaînes des rues qui aboutissent aux portes de la cité, et il fait sortir ses mameluks des forteresses.

La phalange chrétienne, se dirigeant vers l'armée de saint Louis, parvient au centre de la ville, sur une place que domine le palais de Bibars. Là elle voit les chaînes tendues devant elle, et elle entend de grandes clameurs : ce sont les mameluks qui accourent. Toutes les rues, remplies de leurs flots pressés, ressemblent à des fleuves coulant à pleins bords. Raoul, se levant sur ses étriers, regarde.

« Sire Robert, dit-il, nous avons devant nous cinq mille guerriers ! — Non, répond doucement le comte, ils sont dix mille. »

« A l'œuvre ! à l'œuvre ! crie le prince à ses chevaliers. Frappons et frappons fort ! » Les épées taillent, tranchent et se teignent de sang jusqu'à la garde. Les têtes couvertes de turbans tombent par centaines le long des barrières de fer. « Sire de Coucy, dit Robert, quand nous serons en France, nous aimerons à parler de cette journée, en présence de la reine Blanche, ma mère, et des dames de sa cour. »

Les chevaliers sont ruisselants de sueur et de sang, et leurs bras sont las de tuer ; les coursiers, couverts d'écume et de poussière, semblent fléchir. Le terrible comte s'en aperçoit : « Porte-enseigne, s'écrie-t-il, placez-vous au centre de la phalange et sonnez du cor. » Raoul prend son cornet d'ivoire et en tire des sons si belliqueux que les chevaux hennissent d'une fièvre guerrière. Les forces des preux se raniment ; les épées et les masses d'armes continuent d'exterminer. « Montjoie ! Saint-Denis ! crie Robert, voilà qui va bien ! Plus de cinq mille de ces mécréants gisent à terre ! »

Tout à coup le champ de bataille change d'aspect : les mameluks se multiplient autour de la phalange, et des troupes nouvelles couvrent les terrasses des maisons qui bordent la place. Les chevaliers sont en présence de deux armées : l'une est au-dessus de leurs têtes, et l'autre les étreint dans un cercle de fer. Ils luttent victorieusement contre celle-ci; mais l'autre les écrase impunément sous une nuée de traits et une grêle de pierres.

« Ah! quelle perte pour notre France! s'écrie Robert en voyant tomber à ses côtés le sire de Coucy et plusieurs de ses vaillants. Louis, mon frère, que n'êtes-vous ici avec vos barons!... Raoul, sonnez le chant de la mort de Roland; le roi comprendra que nous sommes en détresse, et il viendra à notre secours. »

Raoul porte le cornet d'ivoire à ses lèvres et sonne à pleins poumons.

« C'est un brave qui sonne, s'écrie le vieux maître du Temple, ce cor à longue et puissante haleine; mais c'est en vain, le roi n'entendra pas au milieu des bruits de la bataille. Comte d'Artois, vous nous avez perdus! Vous le voyez, témérité n'est pas courage. Si vous m'aviez cru, nous n'aurions point quitté votre frère, et la bataille serait gagnée. Votre prouesse nous vaut malheur. Si vous ne m'accusiez de fuir, j'essaierais d'aller vous querir du secours. — Homme sage et vaillant, dit en soupirant Robert, allez; plût à Dieu que j'eusse suivi vos conseils! »

Le vieux maître, dont le coursier est d'une vigueur sans égale, s'élance au-dessus des chaînes de fer et tombe au milieu des mameluks, stupéfaits de tant d'audace. Il les écarte à grands coups d'épée, et, le visage en sang et la cotte de mailles en lambeaux, il rejoint l'armée chrétienne. Il demande aide au connétable, qui prévient le roi du danger où se trouve son frère. « Volez à son secours, s'écrie saint Louis engagé au fort de la bataille, je vous rejoins. » Le connétable, les sires de Bretagne, de Châtillon et de Joinville chevauchent vers Mansourah. Ils approchent de la cité; ils entendent le cornet d'ivoire. « Courage, compagnons, dit le vieux maître, comme si déjà il était au milieu de ses frères, je vous amène du secours, vous êtes sauvés ! »

Mais voici venir un sergent à francs étriers : « Connétable, crie-t-il, le roi est arrêté par les Sarrasins et en éminent péril ! » Les chevaliers retournent sur leurs pas; c'est inutile : saint Louis s'est dégagé, et les musulmans n'osent affronter les coups de sa hache d'armes. Le roi et les barons arrivent sous les murs de Mansourah. Hélas! les portes sont closes et les remparts sont inaccessibles!... Le cornet d'ivoire ne sonne plus; on n'entend que les cris et le tumulte de la ville. Le vieux templier est au désespoir d'être séparé de ses frères; saint Louis et ses barons essuient une larme; tous retournent au combat.

Que sont devenus les vaillants enfermés à Mansourah?

Bibars les a inondés de feu grégeois. Les chevaux, effarés par l'explosion et atteints par les ardeurs de ce feu que rien ne peut éteindre, se cabrent, se renversent et se roulent sur leurs cavaliers. Dans ce désordre, les mameluks se précipitent sur leurs adversaires et les percent de leurs longues lances. Ce choc a été terrible, beaucoup de preux ont péri. Ceux qui survivent s'embrassent en disant : « Personne ne vient à nous; vendons chèrement notre vie, et que Dieu ait merci de nos âmes ! » Et ils frappent avec l'énergie du désespoir. Ils tombent presque tous à la fois, las de frapper et de donner la mort. Les frères du Temple et de l'Hôpital, vêtus de leurs manteaux sanglants, se couchent noblement comme une cohorte de martyrs. Le comte de Salisbury est à demi expirant sur ses chevaliers anglais; à côté de lui son porte-enseigne meurt enveloppé dans les plis de sa bannière comme dans un linceul.

Robert et Raoul seuls demeurent debout. Les mameluks somment le comte de se rendre; il leur répond ces héroïques paroles: « Un fils de la maison de France ne se rend pas, il meurt! » Et il fait un épouvantable carnage autour de lui; il entasse les morts sur les morts. Il est couvert de blessures, son sang coule à flots; il le regarde sans pâlir et frappe toujours. Il s'arrête soudain; une hache d'armes, lancée d'une terrasse, lui a fendu le crâne: il chancelle, tend son épée à Raoul, et tombe à côté du comte de Salisbury. Ce preux, qui respire encore, baise Robert au front et meurt en murmurant: « Beau sire, vous nous avez fait moult maux et douleurs; mais que Dieu ait votre âme, car vous êtes un vaillant. »

Raoul, tenant d'une main l'épée du comte d'Artois et de l'autre l'étendard des lis, s'adosse à un angle du palais de Bibars. Les mameluks l'entourent tumultueusement, et lui crient en levant leurs bras: « Rends ta bannière!... » Le chevalier les écarte à grands coups d'épée; il fait le vide autour de lui. « O étendard des lis, s'écrie-t-il, toi l'enseigne des preux, tomberas-tu aux mains de lâches qui luttent mille contre un? Toi bénit par les prières de la sainte Église, deviendras-tu la proie des mécréants? Non, Dieu épargnera cette honte à la France! Vierge Marie, aidez-moi! » Et il déchire l'étendard en mille lambeaux, qu'il teint dans le sang de ses frères d'armes. Un chef mameluk saisit la hampe et veut l'arracher. Raoul la retire avec violence et en assène un tel coup sur le crâne de l'infidèle, qu'il l'étend mort à ses pieds. « Vil païen, dit-il, tu étais bien osé de porter la main à un objet si sacré. » Les musulmans continuent à crier : « Rends ta bannière!... » Il leur répond, en agitant avec fierté la lance à laquelle flotte un reste de lambeau : « Venez la prendre! » Une sorte de géant se présente. Raoul lui plonge la lance dans la poitrine, en disant : « Reçois la bannière des Francs! » Il la retire fumante, la brise et en jette les morceaux à la face de ses ennemis.

Plus rien ne gêne ses mouvements; aussi il faut voir comme il manie l'épée du comte d'Artois! Des flots de sang coulent autour de lui; ses bras en sont vermeils, son cheval en est ruisselant. Il frappe si rudement les cuirasses, les lances et les cimeterres que son glaive vole en éclats. Les mameluks, le croyant désarmé, poussent un cri de joie. « Doucement, compagnons, leur dit-il, ne vous réjouissez pas encore; j'ai vengé mes frères, voici qui vengera ma mort!... » Et il tire Taillefer, la bonne épée qu'il reçut au tournoi de Dijon. Elle est si luisante et si flamboyante aux rayons du soleil africain que l'on dirait le glaive de saint Michel. Raoul continue de frapper ; le carnage est terrible, des monceaux de cadavres gisent autour de lui.

« Nul homme sur terre ne peut vaincre ce preux, disent les mameluks désespérés ; retirons-nous et accablons-le de nos javelots. » Ils s'éloignent et font pleuvoir sur lui une grêle de traits. Le cheval de Raoul s'abat sous son maître ; l'écu du chevalier est brisé, son casque est rompu, son corps est couvert de javelots. Il les arrache et les lance à ses ennemis ; mais son sang coule à gros bouillons. Il se sent faiblir : il a peine à soulever son épée ; il prend son cor et essaie d'en sonner, il n'en tire que des notes faibles et plaintives. Il s'aperçoit que ses yeux se troublent : il confie son âme à Dieu ; il pense à sa douce Bourgogne, à sa mère, à Marguerite, à son fils et à Clotilde ; et il tombe évanoui, en serrant sur sa poitrine son cornet d'ivoire et Taillefer sa bonne épée.

Les mameluks accourent sur lui ; mille bras se lèvent pour le percer. « Arrêtez ! arrêtez ! s'écrie Bibars ; ne l'achevez pas ! Par Mahomet, ne l'achevez pas ! il m'est nécessaire pour la rançon d'Achmet, mon fils. »

Raoul est transporté au palais de l'émir. Ses yeux sont fermés, son visage est pâle et sanglant, et ses vaillantes mains semblent sans vie. Près de lui, les soldats de Bibars examinent curieusement Taillefer la redoutable épée, et, se passant le cornet d'ivoire, ils essaient d'en tirer quelques sons. Ah !

Raoul, preux chevalier, vous aviez promis la joie à votre mère, la délivrance à Clotilde, votre retour à Marguerite, et vous voilà prisonnier et mourant !...

Nous n'avons raconté qu'un épisode de la bataille de Mansourah, nous n'avons vu qu'un coin du tableau. Ce fut près de la ville que se passa la grande lutte : laissons un des acteurs et des témoins, le bon sire de Joinville, nous en parler dans son naïf et gracieux langage.

« Le roi, dit-il, arriva accompagné de grand nombre de gendarmerie, faisant si grand bruit qu'il sembloit que le ciel et la terre se deussent assembler, tant il y avoit de trompettes, clerons et cors qui sonnoient. Il s'arresta sur un haut chemin devant toute sa gent, et commença de les enhorter et prier de bien faire. Son heaume estoit tout doré, et en sa main tenoit une espée d'Almaigne toute nue : et vous promets que je ne vis onques si bel homme ; car il aparoissoit par-dessus tous les autres depuis les espaules. Et seroit chose difficile à croire, comme tous les gens d'armes prenoient grand courage de batailler, voyant le roi en tel estat. Il s'avançoit toujours ; et quand il fut près des Turcs, la bataille commença si durement que c'estoit un choc bien estrange à regarder. Et devez savoir que là l'on vit faire plus beaux faits d'armes qu'en tout le voyage d'outre-mer, tant d'un costé que de l'autre. Car nul ne tiroit ni dard ni trait ; mais on se combattoit de main à main, tout meslé l'un parmi l'autre, à grands coups d'espées et de masses.

« En ceste journée le roi fit des plus grands faits d'armes que j'aye vu faire ; et disoit-on, après la bataille, que si n'eust esté sa personne nous étions tous perdus. Et ne doute point qu'à ceste heure sa vertu et sa force ne lui fussent doublées par la grâce de Dieu.

« Le soir, quand les Sarrasins furent repoussés et déconfits, frère Henry, prieur de l'hôpital de Rosnay, s'adressant au roi, lui baisa la main toute armée, et lui demanda s'il avoit des nouvelles de son frère le comte d'Artois. Le roi lui respondit : « Oui bien, c'est qu'il est en paradis ! » Frère Henry, voulant le consoler, lui dit : « Sire, onques si grand honneur n'advint à roi de France, car par votre courage vous et vostre gent avez passé une grande et roide rivière pour venir combattre vos ennemis. Et tellement avez fait que vous les avez chassés et gaigné leur camp avec leurs engins, et coucherez ce soir en leur logis. » Et le bon roi lui respondit que Dieu fust loué de ce qu'il lui envoyoit ; et en disant cela de grosses larmes commencèrent par lui choir des yeux ; en manière que tous ceux qui estoient présents, voyant ainsi plorer le roi, par grand pitié et compassion se mirent à plorer comme lui en louant le nom de Dieu [1]. »

Revenons à Raoul, le vaillant chevalier.

---

[1] Joinville, c. XXXIX, p. 100-109.

CHAPITRE VI

Captivité de Raoul.

Bibars remit son prisonnier à une vieille esclave chrétienne, lui disant : « Essaie de rappeler ce chevalier à la vie ; hâte sa guérison, afin que bientôt il puisse servir à la rançon d'Achmet mon fils. » Cette tâche ne pouvait être confiée à de meilleures mains.

Marthe, c'était le nom de la captive, était une de ces natures d'élite comme Dieu se plaît à en créer dans les derniers rangs des peuples chrétiens. Son âme était un mélange de tendresse, d'intelligence et de force ; son cœur était plein de sensibilité et de délicatesse : la foi ajoutait un reflet divin à ces qualités natives. Se dévouer, se dévouer encore, se dévouer toujours, telle était la vie de cette noble femme. Depuis quinze ans qu'elle était captive, les tribulations avaient inondé son âme ; mais elles avaient été pour elle ce que sont les flots du Nil pour la terre d'Égypte : elles l'avaient rendue plus riche et plus belle.

Marthe détache doucement le heaume de Raoul, et enlève sa cuirasse ; elle regarde et sonde ses blessures : elles sont nombreuses, mais aucune ne semble mortelle. Elle lave, en pleurant, ce pauvre corps navré ; plusieurs fois elle le baise avec respect, voyant en lui l'image de la France blessée et vaincue, et la figure du Christ mourant. Elle verse l'huile et le baume sur les plaies du chevalier, et, cherchant à ranimer ses forces, elle fait couler dans sa bouche quelques gouttes d'un vin aromatique.

Longtemps Raoul est immobile et sans parole ; puis il est en proie à la fièvre et au délire. Tantôt, se croyant engagé dans la mêlée d'une bataille, il s'agite ; son regard est sombre et son visage est en feu, et il crie : « A l'aide ! à l'aide ! » Tantôt, transporté en Bourgogne, il rit et cause avec sa mère et sa chère Marguerite. Il demeure ainsi pendant plusieurs jours. Marthe ne le quitte point : elle essuie son visage couvert de sueur, elle étanche sa soif, et sa douce voix dissipe les effrayantes visions qui l'obsèdent. Une mère assise au chevet de son fils ne serait pas plus dévouée.

Une jeune fille aide Marthe à soigner Raoul. Elle a quinze ans ; elle porte la tunique blanche, l'écharpe rose et le turban aux vives couleurs des Égyptiennes ; mais sa chevelure blonde, ses yeux bleus, la fraîcheur de son teint, la pudeur de son maintien, la modestie et la tristesse de ses traits révèlent une fille de l'Occident exilée sur cette terre africaine.

Le délire cesse, la fièvre est tombée ; Raoul sort comme d'un long et pénible rêve. Que son réveil est terrible ! Il pensait tenir encore Taillefer sa bonne épée, sa bannière et son cornet d'ivoire, et il s'aperçoit que ses mains sont désarmées ! Il se croyait couvert de l'armure des preux et sur un champ de bataille au milieu de ses frères d'armes, et il se trouve revêtu d'une robe orientale, étendu sur une natte, ayant devant lui une femme au visage austère et doux, et une noble et timide jeune fille!

« Où suis-je? » murmure-t-il. La vieille esclave lui répond, avec des larmes dans les yeux : « Vous êtes dans le palais de Bibars, chef des mameluks, gouverneur de Mansourah. — Je suis captif!... s'écrie Raoul. Ah! pourquoi ne suis-je point mort avec mes frères!... Adieu, Marguerite, je ne te reverrai plus!... Que deviendra ma mère? Elle succombera de chagrin en ne voyant pas revenir son fils!... Clotilde! désormais qui te délivrera?... Mon Dieu, mon Dieu, ayez pitié de moi et de ma sœur!... Marthe tressaille au nom de Clotilde. « Vaillant baron, reprend-elle, consolez-vous, vous reverrez notre douce France et ceux que vous aimez; Bibars m'a dit : « Hâte la guérison de ce « chevalier, afin que bientôt je puisse l'échanger « avec mon fils. » Les portes de la patrie ne resteront fermées que pour moi et cette jeune fille!... Pendant les jours de votre prison, nous ferons pour l'adoucir tout ce qu'inspire la charité. — Merci, généreuse femme! » dit Raoul en portant à ses lèvres la main de l'esclave.

Marthe, s'adressant à sa compagne, lui dit : « Dolorosa, pour dissiper la tristesse du prisonnier, prenez votre guitare et chantez! » La jeune fille saisit l'instrument, l'accorde, en tire des sons plaintifs et doux, et se met à chanter. Sa voix est ravissante de pureté, de mélancolie et de fraîcheur : Dolorosa est comme ces oiseaux qui ont acquis un chant plus mélodieux dans la captivité.

Raoul, la tête appuyée sur sa main, l'écoute : il admire sa grâce, sa noblesse et sa candeur. En la regardant, le souvenir d'une personne aimée traverse son esprit; il lui semble retrouver sur ce visage d'enfant les traits de Clotilde : c'est la même coupe de figure, ce sont les mêmes airs de tête, le même son de voix, la même douceur dans le sourire, la même flamme dans les yeux. Troublé par cette vision, il tourne la tête vers la muraille et pleure. Il n'ose demander quelle est la mère de cette mystérieuse jeune fille!

La salle où reposait Raoul donnait sur un petit jardin plein de fleurs et d'arbrisseaux, au fond duquel une fontaine jaillissait sous un palmier. Pendant plusieurs jours le malade passa de longues heures assis au seuil de ce parterre, écoutant le murmure de l'eau et respirant les parfums du myrte et de l'oranger; puis, soutenu par Marthe et Dolorosa, il put aller s'asseoir sous le palmier. La vieille esclave demeura près de lui; la jeune fille, prenant un vase, s'éloigna et se mit à arroser les arbrisseaux et les fleurs.

Le captif avait remarqué que Dolorosa, avant de commencer, s'était agenouillée sur un tertre de gazon à demi caché sous un oranger qui portait gravées sur son écorce une croix et trois larmes. C'était sur ce gazon et l'oranger qu'elle avait répandu les premiers vases d'eau.

« Qu'est-ce que ce tertre? demanda Raoul à Marthe. Que signifient cette croix et ces larmes? — C'est, répond la captive, une tombe et son inscription. — Qui repose sous cette couche de gazon? — Une chrétienne, une martyre. — Racontez-moi son histoire. — Elle est trop douloureuse! — Elle n'en aura que plus d'intérêt pour un homme malheureux. »

L'esclave dit :

« La noble femme qui repose sur cette terre étrangère naquit en Bourgogne, au château de Mont-Saint-Jean. Elle avait nom Clotilde.

— C'est ma sœur! c'est ma sœur! » interrompit Raoul : et il éprouva un moment de poignante agonie.

Le preux, refoulant ses larmes et maîtrisant son émotion, conjure la captive, au nom du Seigneur Jésus, de ne rien lui cacher des malheurs de celle qui était la dame de ses pensées.

« Clotilde, reprend Marthe, fut mariée à vingt ans à un vaillant chevalier, le baron d'Antigny; elle l'accompagna en Terre-Sainte, où il avait fait vœu d'aller guerroyer. Je lui demandai comme une faveur de la suivre dans son pèlerinage. Elle m'embrassa en disant : « Oh! que Dieu récompense le « sacrifice que vous faites pour l'amour de moi! » Le sire de Mont-Saint-Jean et ses quatre fils aînés ne purent se résoudre à quitter leur chère Clotilde; ils l'accompagnèrent en Palestine.

« La traversée fut heureuse.

« A peine arrivée sur la terre d'Orient, la jeune

femme comprit que Dieu l'appelait à devenir bientôt mère. Voulant attirer les bénédictions du Ciel sur l'enfant qui allait vivre avec elle d'une seule et même vie, elle redoubla dès lors de vigilance et de pureté de cœur; ses prières furent plus recueillies, et ses aumônes devinrent plus abondantes.

« Malgré son état, elle ne consentit point à se séparer de son cher seigneur; elle continua de porter sa bannière.

« Un jour notre petite troupe, qui formait l'avant-garde de l'armée chrétienne, fut surprise par les forces réunies des Sarrasins. La lutte des croisés fut héroïque : je crois que tous périrent. Au premier choc, le sire d'Antigny fut mortellement frappé : son épouse l'entraîna au bord d'un bois, où je m'étais réfugiée pour laisser passer l'orage. Pendant que nous pensions la blessure du mourant, un flot de Sarrasins fit irruption sur nous. Clotilde, devenue comme une lionne, saisit l'épée du chevalier, tua deux musulmans et dispersa les autres. Honteux d'avoir fui devant une femme, ils revinrent en plus grand nombre. L'un d'eux fendit d'un coup de hache la tête du sire d'Antigny, qui reposait sur mon sein : je fus tout inondée du sang du martyr. Les autres se précipitèrent sur Clotilde et la firent prisonnière.

« Ces mécréants nous garrottèrent, et, pour nous empêcher de fuir, ils nouèrent nos chevelures ensemble. Bibars, leur chef, nous fit placer sur un dromadaire et conduire en Égypte.

« Nous fûmes pendant trois jours emportées,

sans nourriture et sans sommeil, à travers d'affreuses solitudes. Nous n'avions d'autre consolation que nos larmes et d'autre défense que nos prières. Nous conjurions le Seigneur de nous protéger contre les insultes de ces misérables, et de garder l'enfant qui reposait dans le sein de Clotilde.

« Nous arrivâmes à Damiette. Jusque-là nous avions beaucoup souffert; mais au moins nous étions ensemble. On nous arracha mourantes des bras l'une de l'autre, et l'on nous jeta chacune dans un cachot : cette séparation me parut plus dure que la captivité elle-même.

« Quelques semaines après, nous reprîmes notre course. Que nous fûmes heureuses de nous revoir et de nous embrasser! On nous conduisit à Mansourah, au palais de Bibars. Cette demeure nous parut plus affreuse que la prison : c'était le harem.

« Le chef des mameluks dit à Clotilde : « Je n'avais qu'une seule femme qui eût le titre et la dignité d'épouse, les autres ne sont que des esclaves, elle est morte : tu es jeune, tu es belle, je t'ai choisie pour lui succéder. » Clotilde, se jetant à ses pieds, le conjura de respecter son malheur, et de la laisser dans le veuvage. « Non, reprit Bibars, tu seras mon épouse, ou tu mourras. »

« En tout autre temps, Clotilde eût accepté la mort plutôt que de donner sa main à un musulman; mais elle était à la veille d'être mère, et elle devait à son enfant la vie et le baptême. « J'y consens, répondit-elle; mais ce sera à la condition que je serai ton épouse selon la loi chrétienne, et qu'un prêtre du Christ bénira notre alliance. — Non, non, point de condition. — Eh bien, fais-moi mourir ! »

« Le cruel Bibars fit approcher l'un de ses mameluks, et lui ordonna de trancher la tête à Clotilde. Je tremblais, je pleurais ; mais la jeune femme, ferme comme une martyre, fléchit le genou et tendit la tête sans verser une larme. Avec sa longue chevelure blonde, son pudique et rougissant visage, elle était, à ce moment, belle comme sainte Agnès. Vaincu par cette force d'âme, le musulman dit : « Relève-toi, noble femme, tu es digne de vivre : je consens, puisque tu le veux, à ce qu'un prêtre chrétien te bénisse comme épouse. »

« Bibars pria l'évêque de Saint-Jean-d'Acre de lui envoyer un prêtre pour bénir son mariage avec une chrétienne, promettant en retour la délivrance de trois captifs.

« Le pontife vint lui-même. Nous nous agenouillâmes à ses pieds ; il reçut l'aveu de nos fautes, et il nous consola en nous montrant le ciel comme récompense de la captivité chrétiennement supportée. Il célébra pour nous les saints mystères, et nourrit nos âmes de l'Eucharistie, le doux pain des exilés. « Vous pouvez, nous dit-il, servir Jésus-Christ sur cette terre infidèle ; faites comme les enfants d'Israël captifs à Babylone ; aux heures du sacrifice et de la prière tournez-vous vers le temple de votre Dieu. Et, quand vos âmes seront malades et languissantes, réfugiez-vous par la pensée près des saints tabernacles ; frappez vos poitrines et appelez dans vos cœurs le Dieu de l'Eucharistie, et il vous fortifiera ; il a dit : « Venez à moi, vous tous qui pliez sous le poids de la fatigue et de la douleur, et je vous soulagerai. »

« Le saint prélat bénit le mariage de Clotilde. Quand la douce veuve déposa sa main dans celle du féroce Bibars, elle était pâle et tremblante : elle accomplissait un des plus héroïques sacrifices qu'ait inspirés l'amour maternel.

« L'évêque partit, heureux de délivrer trois captifs et d'avoir consolé deux âmes ; sa visite fut pour nous ce qu'était celle des anges dans la prison des martyrs. En nous disant adieu, il promit à Clotilde de revenir pour baptiser son enfant.

« La jeune femme rêvait d'amener doucement à Jésus-Christ, par son amabilité et sa vertu, son nouvel époux : cette pensée lui fit d'abord porter résolûment sa chaîne. Mais elle s'aperçut bientôt que l'âme de ce musulman était indomptable, et qu'il serait plus facile d'apprivoiser un tigre que de la convertir. Bibars traitait Clotilde avec hauteur et mépris : ce n'était point pour lui une compagne, mais une esclave. Il entrait en fureur quand il la surprenait en prière ; un jour il lui arracha des mains l'image du Christ et la foula aux pieds. Dieu seul sait tout ce que souffrit cette âme si délicate et si tendre avec un pareil époux : elle supportait tout sans murmure et dévorait ses larmes en secret.

« En ce temps Clotilde mit au monde une fille, qui portait sur son visage le reflet de la beauté de sa mère et de la noblesse du baron d'Antigny son père. La venue de l'enfant réjouit la captive : c'était une consolation dans sa solitude; c'était une âme à élever pour le ciel. Le cœur et l'esprit de cette jeune femme étaient tout embaumés des hautes et saintes pensées de la maternité chrétienne.

« Elle redoubla de dévouement et de grâce près de Bibars, afin qu'en faveur de la mère il consentît à supporter la fille. Un jour qu'elle le voyait moins revêche, elle hasarda le nom de baptême, et elle supplia le musulman de laisser revenir l'évêque de Saint-Jean-d'Acre. « Tu as obtenu de moi, répondit-il, un premier acte de faiblesse, je ne consentirai pas à un second. J'en jure par Allah! jamais cette enfant ne sera chrétienne : si tu la baptises ou la fais baptiser, je lui trancherai immédiatement la tête. » Il s'éloigna furieux.

« La pauvre mère prit l'enfant sur ses genoux et l'arrosa de larmes. Elle l'offrit à Notre-Dame-de-Douleur, et lui donna le nom de Dolorosa, en souvenir des tristesses au milieu desquelles elle était née. « Chère petite, dit-elle en l'embrassant et en laissant couler ses pleurs sur son front, que devant Dieu les larmes et les désirs de ta mère suppléent à ton baptême. »

« L'enfant, comme c'est la condition de cet âge, pleurait : ses cris déplaisaient au dur Bibars, il s'en plaignit. « Dans les autres parties du harem, dit-il, on entend les sons de la harpe et des chants; dans celle-ci, au contraire, les oreilles sont déchirées par des cris. Les autres femmes chantent; mais toi tu es triste et silencieuse. Qu'on éloigne cette enfant, et qu'elle soit donnée à une nourrice étrangère. » Clotilde, effrayée, s'écria : « Doux et noble émir, laissez-moi ma fille ; je vous promets de chanter désormais et de toucher de la harpe. »

« La jeune femme garda son enfant sur son cœur, et Dolorosa reçut dans son berceau des soins et des caresses que ne donneront jamais des mains étrangères. La mère chanta pour faire pardonner les cris de sa fille, et elle toucha de la harpe pour l'endormir et couvrir ses vagissements. L'âme de Clotilde était une source de poésie d'où jaillissaient des hymnes et des cantiques. Ordinairement ses chants respiraient les tristesses de l'exil.

— Redites-moi, s'écrie Raoul, quelques-uns de ces chants.

— J'en ai gardé les pensées, répondit Marthe, elles vivront à jamais dans mon cœur ; mais j'en ai oublié la mesure et le rhythme : il y a si longtemps que je ne les entends plus ! Voici celui qu'elle avait coutume de chanter en berçant Dolorosa, quand Bibars était parti :

Une captive assise au bord du Nil pleurait au souvenir de sa famille et de sa patrie. « Dieu, disait-elle, me sourit à mon entrée dans la vie, il entoura mon berceau de riants visages. Mais, hélas ! les gracieuses figures de mon père, de ma mère et de mes frères se sont évanouies devant moi comme une vision ; et maintenant je suis seule, seule !

« Dans mon enfance, j'allais avec mes frères cueillir des fleurs dans la prairie, quêter des nids dans les buissons. Les mains dans les mains, nous gravissions ensemble les collines, et nous regardions le soleil à son couchant. Ces jours ont passé comme les fleurs de la prairie; ils ont disparu comme le soleil derrière la montagne; ils se sont envolés comme les oiseaux des champs; et maintenant je suis seule, seule!

« Dans mes jeunes et riantes années, je donnai la main à un preux et noble chevalier : nous cheminions ensemble, le cœur riche de bonheur et d'espérance. Mais, hélas! nous avons été surpris par l'orage; mon bien-aimé a péri, et moi j'ai été jetée sur la terre étrangère, où je suis seule, seule! »

Pour consoler la captive, le Ciel lui envoya une fille belle comme son époux : dès lors elle essuya ses pleurs, le sourire revint sur ses lèvres, et, berçant son enfant, elle chantait : « Que Dieu soit loué! Désormais je ne serai plus seule, seule! »

« Les chants de Clotilde, qui auraient attendri un rocher, trouvèrent Bibars insensible : le fanatique musulman ne pardonnait point à sa compagne de demeurer chrétienne et de préférer la volonté de son Dieu à celle de son maître; il ne cessait de lui répéter que tous les enfants qui naîtraient d'elle seraient élevés dans la loi de Mahomet. Ces paroles étaient un glaive plongé au cœur de cette chrétienne : «Ah! Seigneur Jésus, murmurait-elle dans ses prières, laissez-moi mourir, plutôt que de mettre au monde des enfants qui seraient vos ennemis!... »

« Le chagrin s'empara de son âme; son sein tarit; la pâleur se répandit sur ses traits, et bientôt, sous l'étreinte d'une religieuse et mortelle douleur, elle n'eut plus que la beauté froide d'une statue de marbre. Malgré le mal qui la consumait, elle essayait encore de plaire à son époux et de chanter. Elle comprit qu'elle allait mourir; elle était désolée de quitter sa fille, et, exhalant sa maternelle douleur, elle disait à Dolorosa dans ses chants :

La captive, succombant aux peines de l'exil, vit tarir son sein, diminuer ses forces et venir la mort; alors elle dit à sa fille : « Enfant, toi aussi demeurerais-tu seule, seule?

« Dolorosa, ne crains rien; non, tu ne seras pas seule : mon âme descendra près de ton berceau, je te parlerai dans tes rêves; je veillerai sur tes pas. Non, ta mère ne te laissera point seule, seule!

« Je viendrai, avec ton ange, te chercher pour t'emmener au ciel. Là tu verras ton Dieu, et tu connaîtras ton père. Non, ta mère ne te laissera point seule, seule! »

« Clotilde faisait des efforts pour vivre, afin de se dévouer à Dolorosa; mais elle avait assez souffert, Dieu l'appela. Je n'oublierai jamais ses derniers moments!... La douce martyre, étendue sur une natte, était appuyée sur ma poitrine. Elle me parla de sa mère : elle regrettait les larmes qu'elle lui avait fait verser à son départ; elle avait encore l'âme déchirée par les cris d'un jeune frère laissé en Bourgogne, et qu'elle aimait comme un fils. Combien à ce moment le souvenir de ces êtres chéris était vivace dans son cœur! Je crois qu'on ne sent jamais mieux les pures et profondes affections de la famille que quand on meurt sur la terre étrangère.

« Puis sa pensée revint doucement à sa fille : elle me recommanda Dolorosa, me suppliant surtout de lui donner le baptême à sa dernière heure, si je la voyais mourir. Elle ajouta : « Si j'ai quelque puissance au ciel, je ne vous délaisserai point. Je prierai tant, que Dieu vous enverra un libérateur. Si c'est la volonté du Seigneur que la patrie terrestre vous soit fermée, je le conjurerai d'abréger pour vous l'épreuve et de nous réunir bientôt. »

« Elle ne savait comment me témoigner sa gratitude et sa tendresse; elle me baisait les mains, et m'appelait sa chère compagne, son amie, sa sœur.

« Tout à coup elle tomba dans un profond recueillement : ses lèvres murmuraient des prières; son visage s'illumina d'une joie céleste, comme dans une extase; puis un nuage de tristesse passa sur son front, et des larmes coulèrent de ses yeux.

« Sortant de ce silence, elle me dit : « Marthe, je reviens d'une douce région; mon âme a revu, par la pensée, notre chère Bourgogne et le château de Mont-Saint-Jean. Je me suis arrêtée devant l'autel qui a réjoui ma jeunesse : là j'ai demandé à Jésus pardon de mes fautes, et, pour me fortifier dans le dernier voyage, je l'ai supplié de m'accorder la grâce qu'il donne par le pain eucharistique et l'onction des mourants. J'ai ressenti à cet instant une si heureuse et si divine impression, que je ne doute pas que le Sauveur n'ait exaucé ma prière. Ensuite j'ai volé, comme l'hirondelle, au toit de mes pères : là j'ai embrassé ma pauvre mère et Raoul mon jeune frère; je leur ai dit un dernier adieu : cet adieu m'a fait pleurer. »

« Elle ajouta, après un moment de repos : « Maintenant je m'en vais vers une terre plus belle : là je retrouverai mon époux, mon vieux père et mes frères qui sont morts martyrs. Mon Dieu, je suis indigne d'entrer dans votre maison, dans la société de vos saints; mais, je vous en conjure, par vos miséricordes et les mérites de mon Jésus, ouvrez-moi! ouvrez-moi! »

« En achevant ces mots, elle me serra convulsivement dans une suprême étreinte : elle était morte !

« Je la gardai trois jours, l'embrassant et l'arrosant de mes pleurs Ah! si mes larmes étaient un baume, sa chair serait préservée de la corruption de la tombe. J'obtins de Bibars que le corps de Clotilde ne serait point porté à la sépulture des musulmans. Je creusai une fosse sous cet oranger, et j'y déposai la martyre, lui disant adieu au nom de sa mère, de son frère et de Dolorosa. Je gravai sur l'arbre funèbre une croix, en souvenir de la foi de cette chrétienne, et trois larmes en signe de ma douleur et de mes regrets.

— Ah! Clotilde! Clotilde!... » s'écrie Raoul. Et il se jette sur la fosse en sanglotant.

Puis il dit à la vieille captive : « O femme, que le Seigneur vous bénisse! vous êtes le bon ange de la famille de Mont-Saint-Jean : vous avez assisté ma sœur dans l'exil et le trépas; vous avez pris soin des premières années de sa fille, et vous m'avez rendu la vie. Pauvre sœur, je venais te chercher, et tu es morte! et moi-même je suis captif! Ah! combien ma venue est inutile et malheureuse!... — Non, noble chevalier, répond Marthe, votre venue n'est pas inutile; Clotilde revit dans Dolorosa, et vous avez tout à la fois à rendre cette jeune fille à sa famille et à lui faire connaître Jésus-Christ. — Ignore-t-elle le nom de son Dieu? — Oui, le fanatique Bibars m'a défendu sous peine de mort de lui parler du Christ, et jusqu'ici Dolorosa n'a qu'une vague connaissance de Dieu. — Pauvre enfant! s'écrie Raoul attendri, tu es donc doublement captive, doublement exilée!... »

La jeune fille avait terminé sa tâche : déposant son vase, elle vint s'asseoir sous le palmier, et offrit en rougissant un bouquet de fleurs au captif.

« Dolorosa, s'écrie Marthe, réjouissons-nous, voici le libérateur que nous attendions : embrassez-le, c'est le frère de votre mère.

— Ah! chère enfant, dit Raoul, pressant la jeune fille sur son cœur et la couvrant de larmes, je veux bien être ton père; mais, hélas! je ne puis rien pour toi, je suis moi-même prisonnier!...

— Vous serez notre libérateur, je le répète, reprend vivement la vieille captive. J'ai confiance dans la parole des saints ; or Clotilde, la martyre, nous a promis de nous obtenir le retour dans la patrie, ou de nous appeler bientôt au ciel; il y a de cela près de quinze ans : le ciel ne s'est point ouvert, donc vous êtes le libérateur promis.

— Je le souhaite, généreuse femme, répond Raoul. Mais ce qui me console déjà, c'est que notre captivité sera moins douloureuse ; nous souffrirons ensemble, et nous souffrirons moins. Puis mon seigneur et beau-père, le duc de Bourgogne, et mon vaillant frère d'armes, le sire de Châtillon, ne me délaisseront point dans les fers. S'ils me délivrent, je vous le jure, vous serez libérées avec moi. »

Cette pensée mit l'espérance aux cœurs des captives.

Pour Raoul, il demeura profondément triste, et plusieurs jours il redit avec amertume le nom de Clotilde.

Les forces du chevalier étant revenues, Bibars le plaça dans une prison plus étroite; il l'enferma dans une tourelle du palais, et fit river une chaîne à ses pieds. De là, le captif dominait la ville et découvrait le ciel et les campagnes de l'Égypte. Deux fois la semaine, Marthe et Dolorosa lui apportaient la nourriture des prisonniers : du pain et de l'eau. Elles y ajoutaient ordinairement des fruits et quelques fleurs. Les consolantes paroles de ces femmes, leurs sympathiques visages adoucissaient un peu les horreurs de ce cachot.

Une nuit Raoul entendit dans la ville beaucoup de mouvement et de grandes clameurs. Le matin il reçut ses visiteuses : contre leur coutume, elles étaient tristes. Il leur demanda d'où venait cet air consterné.

« Ah! s'écrie Marthe, un grand désastre a frappé l'armée chrétienne. — Comment le savez-vous? reprend le chevalier. — Le sire de Joinville, qui vient d'arriver malade et captif au palais de Bibars, me l'a raconté. Je puis sans péril vous redire tout ce que le noble baron m'a appris; mais le cruel

Bibars, je ne sais dans quel dessein, m'a défendu de parler de vous. Si je révélais votre présence dans ce lieu, le féroce musulman m'a déclaré qu'il vous ferait mourir sur l'heure. — Dites-moi tout ce que le sire de Joinville vous a raconté sur le roi et son armée.

— Les chrétiens, répond Marthe, se sont battus victorieusement pendant deux jours sous les murs de Mansourah. Mais ils se sont bientôt trouvés en face d'ennemis contre lesquels la vaillance ne pouvait rien : les corps morts ont engendré la peste, et l'interception des convois de vivres a amené la famine.

« Le roi, voulant sauver son armée, envoya plusieurs de ses barons au soudan pour traiter de la paix. Il fut convenu que Louis rendrait Damiette, sauf les malades, les vivres et les engins de guerre, et qu'en retour on lui livrerait le royaume de Jérusalem. On ne put s'entendre sur la question des otages : le roi offrit pour garantie du traité l'un de ses frères ; le soudan exigea la personne même de Louis. Les chevaliers français répondirent fièrement qu'ils aimeraient mieux mourir que de livrer leur seigneur en otage. Les négociations furent rompues.

« A cette nouvelle, le roi joignit les mains, et, levant un regard résigné vers le ciel, se recommanda à Dieu. Comprenant qu'il ne pouvait demeurer en ce lieu sans y mourir, lui et ses soldats, il ordonna la retraite sur Damiette. Il prit d'habiles dispositions pour assurer le salut de tous : il mit le duc de Bourgogne à l'avant-garde ; il déposa les malades sur des galères, et les fit escorter par le reste de l'armée, qui longeait le Nil. Quoique malade, il monta sur un petit cheval noir couvert d'une housse de soie, et se plaça au poste le plus périlleux, à l'arrière-garde, entre les deux vaillants chevaliers Geoffroi de Sergines et Gauthier de Châtillon [1].

« Le duc de Bourgogne et sa troupe parvinrent seuls à s'échapper.

— Ah ! cher père et puissant seigneur, s'écrie Raoul, vous partez en me laissant dans les fers !... Mais n'importe, que Dieu soit loué ! votre vie est sauve ; vous irez consoler ma mère et Marguerite, et vous serez le protecteur de mon fils.

— Les Sarrasins, reprend Marthe, laissèrent passer le gros de l'armée, et se jetèrent sur l'arrière-garde. Là il y eut des prodiges de valeur. Le roi, malgré sa maladie, fit merveille ; il se porta si avant dans la mêlée que, séparé des siens, il se trouva seul avec le bon chevalier Geoffroi de Sergines, qui le défendit plus courageusement qu'un lion. Toutes les fois que les musulmans s'approchaient du prince, le valeureux baron se mettait devant lui et les chassait à grands coups d'épée. Il parvint ainsi à le conduire jusqu'à la ville de Cassel.

« Là Louis, mourant de fatigue et de maladie, fut déposé sur les genoux d'une bourgeoise de

---

[1] Joinville, c. XXXVII-XXXIX, p. 138-142.

Paris. Se dévouant pour le salut de son armée, il envoya le sire Philippe de Montfort dire à l'émir qui commandait les Sarrasins qu'il acceptait la paix aux conditions imposées par le soudan.

« Or il advint que, pendant ces pourparlers, un félon et lâche héraut d'armes, appelé Marcel, se mit à crier : « Seigneurs chevaliers, rendez-vous tous ; le roi vous le mande par moi. De grâce, ne le faites pas tuer. » A ces mots, tous, saisis d'effroi et croyant obéir à l'ordre du prince, remirent à l'ennemi leurs armes et leurs chevaux.

« L'émir, voyant les gens du roi emmenés par ses soldats, dit au sire de Montfort : « Retirez-vous ; on ne traite point avec des prisonniers ! » D'un autre côté, la flotte égyptienne capturait les galères. De la sorte, le roi et son armée sont tombés aux mains des musulmans [1].

« Les captifs ont fait cette nuit leur entrée à Mansourah.

— Quel malheur ! s'écrie Raoul en sanglotant, l'espoir de la France, l'honneur de la chrétienté, la gloire de l'Occident sont au pouvoir des Sarrasins !... Mon Dieu, laissez-moi mourir dans les chaînes, j'y consens ! mais, de grâce, délivrez le roi !

« Vous ne m'avez rien dit du sire de Châtillon ? ajoute le chevalier.

— Quand le roi fut à Cassel, continue Marthe, le vaillant baron, tenant son épée au poing, se mit à

---

[1] Joinville, c. XXXIX, p. 142 et 143.

l'entrée de la rue où était son cher seigneur, et fit tant de faits d'armes qu'homme vivant saurait en faire. Lui seul défendit la rue contre toute l'armée musulmane. Et quand il voyait avancer un Sarrasin, il courait sus vigoureusement, et le chassait devant lui. Les musulmans l'accablaient de traits, il en était tout couvert; quand il avait repoussé ses ennemis, il arrachait ces dards et ces javelots, et reprenait son épée. Il combattit ainsi longtemps. Plusieurs fois, se levant sur ses étriers il cria, de toute sa force : « Ah! où est Raoul de Mont-Saint-Jean, mon frère d'armes? où sont mes prud'hommes? Que ne sont-ils ici pour m'aider à venger ma mort sur ces mécréants! »

« Personne ne vint à son secours : et sur la fin de la journée on vit un Sarrasin, monté sur le cheval tout ensanglanté de messire Gauthier de Châtillon, brandir une épée en se glorifiant d'avoir tué le plus vaillant des chrétiens [1].

— Preux et bien-aimé frère, dit Raoul d'une voix étouffée, et fondant en larmes, je comptais sur vous pour nous délivrer, et vous êtes mort!... Que Dieu ait merci de votre âme!...»

Le prisonnier fut trois jours ne prenant point de nourriture et ne cessant de répéter ces paroles : « Le roi est captif! Le vaillant sire de Châtillon est mort! Et le duc, mon noble père, est parti sans moi!... Mon Dieu, si vous le voulez, laissez-moi dans les fers; mais, de grâce, sauvez le roi! sauvez la France! »

---

[1] Joinville, c. LI, p. 178.

Le soudan, voyant Louis captif, fut lui-même ému par cette sainte et royale infortune; il lui envoya un médecin arabe, qui le guérit soudainement par un merveilleux breuvage. Dans la prison, le roi de France parut encore plus grand que sur le trône et sur les champs de bataille : sa parole était ferme et digne, et il avait un air si majestueux que les émirs se disaient étonnés: « Quel est donc cet homme? il agit envers nous comme si nous étions ses prisonniers! »

Les barons français voulaient chacun en particulier traiter de leur délivrance. « Non, leur dit-il, laissez-moi négocier seul avec le soudan, afin de racheter avec vous les gens du petit peuple, qui sans cela demeureraient dans l'esclavage. Je suis le père et le roi de mes sujets, et je ne veux pas que le dernier d'entre eux reste aux mains des infidèles. » Le soudan lui fit proposer de donner pour sa rançon cinq cent mille livres et de rendre Damiette. « Dites à votre maître, répondit-il, qu'un roi de France ne se rachète ni à prix d'or, ni à prix d'argent : je donnerai l'or pour mes sujets, et Damiette pour ma personne. — Par ma foi, reprit le musulman, le Franc est magnanime : allez lui dire que je lui quitte cent mille livres[1]. »

Avant l'exécution du traité, le soudan périt de la main de ses émirs. L'un d'eux, tenant la tête sanglante de son maître, dit au roi : « Que me donneras-tu pour avoir tué ton ennemi? » Louis,

---

[1] Joinville, c. XLIII, p. 157.

gardant un dédaigneux silence, se contenta de détourner la tête avec dégoût. « Tu vas périr sur l'heure, si tu ne me fais chevalier, reprit le féroce musulman. — D'abord fais-toi chrétien, » repartit le prince; et comme ses barons le suppliaient de céder, il ajouta : « Non, non, jamais ! s'il ne se fait chrétien. »

Les émirs, frappés de la résignation et de la grandeur d'âme de Louis, hésitèrent s'ils n'en feraient pas leur soudan : ce qui les arrêta, c'est qu'ils le connaissaient pour le plus fier et le plus zélé des chrétiens.

Bibars, le premier des émirs, négocia avec le roi la rançon des croisés. Louis, se souvenant de la parole donnée à Raoul, demanda, comme il l'avait déjà fait dans le précédent traité, la délivrance de Clotilde. L'émir fit serment qu'elle était morte. Le prince exigea la liberté de tous les chrétiens, et nommément des preux faits prisonniers à Mansourah. Le fourbe musulman jura que le comte d'Artois et ses compagnons d'armes avaient tous péri : il promit de livrer les autres captifs. Le roi s'engagea de nouveau à rendre Damiette et à payer quatre cent mille livres[1].

Un matin, Raoul vit de la fenêtre de son cachot le Nil couvert de navires; le premier portait à son mât l'oriflamme à demi voilée de noir; il comprit que le roi et ses soldats partaient pour la France

---

[1] Joinville, c. XLVII, p. 165.

« Adieu ! leur dit-il ; adieu, royal seigneur ! adieu, vaillants frères d'armes ! Que Jésus vous ait en sa sainte garde !... » Il suivit du regard la flottille qui s'éloignait : bientôt elle disparut. Alors, faisant un douloureux retour sur lui-même, il s'écria : « Amis, vous partez, et vous me laissez seul sur la terre étrangère !... Vous reverrez notre douce France ; et moi je reste enfermé dans ce cachot comme un mort dans son sépulcre !... »

L'espérance est le dernier sentiment qui meurt au cœur des malheureux : Raoul, même après le départ du duc de Bourgogne et la mort du sire de Châtillon, avait encore rêvé d'obtenir sa délivrance par l'échange des prisonniers. Quand il vit s'évanouir cet espoir, il appuya son front sur sa main, et, les yeux tournés vers la France, il pleura, au souvenir de sa Bourgogne, de sa vénérable mère, de son vaillant père, de l'angélique Marguerite et de son fils qu'il pensait ne plus revoir.

Dolorosa et Marthe survinrent en ce moment ; elles se jetèrent dans les bras du captif en disant : « Ah ! les chrétiens sont partis sans nous !... » Tous trois sanglotèrent en se tenant embrassés, comme le font les membres d'une famille dans un suprême malheur.

Raoul, pour relever le courage de ces femmes, leur dit : « Dieu soit loué de tout ce qui nous arrive ! ne nous décourageons pas, il a ses vues dans cette épreuve. Un chrétien peut souffrir ; mais jamais il ne doit se laisser abattre ni se désespérer. »

CHAPITRE VII

Apostolat de Raoul dans sa prison.

La prison devint plus sombre pour le frère de Clotilde : jusque-là, il avait vu la captivité comme momentanée; cette fois elle lui apparut dans toute son horreur; il la vit sans fin, n'ayant d'autre terme que la tombe. Il lui fallut toute la trempe de son âme chrétienne pour supporter cette épreuve. Lui, si actif, est réduit, pendant de longues heures, à considérer le ciel : le ciel de l'Orient est beau; mais lui-même est triste pour le ké. Le preux qui rêvait des combats de géants, la délivrance de Clotilde et la conquête de Jérusalem, est contraint de se distraire comme un enfant. Tantôt il regarde une araignée qui tisse sa toile dans un coin, ou une souris qui vient furtivement chercher quelques miettes de pain. Tantôt il observe une mouche qui se pose sur des fleurs apportées par Dolorosa, ou une armée de fourmis qui est montée à l'assaut de la tour pour s'emparer d'un reste de figue ou d'orange laissé à dessein sur une des fenêtres du cachot. Il est vrai qu'il prie et qu'il médite, mais il a besoin de mouvement, et cette inaction sans fin le tue.

Quelques semaines après le départ des croisés, Raoul reçut une visite qui le consola. C'étoit sur la fin d'octobre, à cette époque l'hirondelle a quitté la France pour habiter l'Égypte et les chauds climats de l'Asie et de l'Afrique. Une troupe de ces aimables voyageuses voltigeait autour du palais du gouverneur de Mansourah, comme elles aiment à le faire près des grands monuments. Quelquefois un épervier, sortant d'un trou de muraille, tombait sur elles comme un éclair. Un jour le chevalier vit une de ces pauvres étrangères poursuivie par l'impitoyable oiseau : elle jetait des cris de détresse; elle allait être prise, quand, se précipitant dans une des fenêtres du cachot, elle tomba éperdue aux pieds de Raoul. Le prisonnier la saisit. Il en eut compassion, en sentant les vives pulsations de son cœur; et, passant la main sur son luisant plumage, il dit : « Ne crains rien, aimable visiteuse, cette prison sera pour toi le port du salut; moi seul je dois y mourir!... Je sais trop ce que vaut la liberté pour te retenir captive : je laisse s'éloigner ton cruel ennemi pour te rendre au doux empire des airs. »

Il allait laisser échapper la prisonnière quand il aperçut un fil de soie rouge à son cou : des larmes lui vinrent aux yeux en se souvenant de l'hirondelle de Marguerite. « Ah! dit-il en portant l'oiseau à ses lèvres, nous sommes nés sous le même toit, et tu as reçu ce collier de la main de Marguerite!... Tu reviens de ma chère Bourgogne, parle-moi de ceux que j'ai quittés. Mon vieux père est-il revenu au manoir?... As-tu remarqué ma vieille mère agenouillée au parvis de l'église et demandant à Dieu mon retour?... Mon fils a-t-il grandi?... As-tu vu Marguerite assise aux fenêtres du château? Est-elle toujours triste?... Hirondelle, pourquoi ne me réponds-tu point!...

« Ici je dois mourir, ajouta le captif; mais toi, gentille amie, tu reverras la Bourgogne et tu maçonneras encore ton nid à la fenêtre de Marguerite. Porte à mon vieux père et à ma sainte mère mon dernier adieu. Passe et repasse aux côtés de mon fils, et égaie-le dans ses jeux. Voltige à la fenêtre de Marguerite; garde-toi de lui dire que je suis prisonnier; chante bien haut pour lui faire oublier son veuvage. »

Il posa trois baisers sur la tête du gentil oiseau et le laissa s'échapper. Cette visite réjouit Raoul, et il la regarda comme un signe que Dieu ne l'avait point délaissé.

Le chevalier résolut d'employer les jours de sa captivité à un noble et saint labeur. Dolorosa n'était point chrétienne, le fanatique Bibars s'étant opposé à son baptême et à ce qu'elle fût élevée dans la connaissance de l'Évangile; Raoul entreprit de lui faire connaître Jésus-Christ. Comme il était peintre habile, il voulut parler aux regards de la jeune fille, afin de gagner à Dieu plus facilement son cœur. Mettant au-dessus de tout le salut de cette âme, il sacrifia le seul bien qu'il eût encore, l'anneau qu'il avait reçu de Marguerite au jour de ses fiançailles : il le donna à Marthe pour acheter des couleurs et des pinceaux.

L'artiste se mit à l'œuvre : il peignit sur la muraille de son cachot une Vierge immaculée. Cette fresque était d'une beauté céleste; Marie planait dans une atmosphère lumineuse; ses yeux étaient modestement baissés; ses mains se croisaient avec une grâce virginale sur sa poitrine; elle était drapée dans les longs plis de sa chaste robe, et un voile bleu tombait de sa tête sur ses épaules. C'était une charmante création pleine de sérénité, d'innocence et de sentiment extatique.

Quand Marthe et Dolorosa entrèrent dans la prison, elles s'arrêtèrent étonnées et ravies devant cette rayonnante figure. « Qu'est-ce que cette femme? s'écria la jeune fille. Qu'elle est belle!...
— C'est Marie, c'est la Vierge! répondit Raoul.
— Mais qu'est-ce que la Vierge?» reprit Dolorosa.

Le captif se mit à lui parler de Dieu, de la création, de la chute d'Ève et du premier homme, des conséquences fatales de cette chute pour l'humanité, et de la promesse d'une femme mystérieuse qui devait donner au monde le Réparateur. Il lui dit que Marie était cette femme bénie entre toutes; puis, avec des couleurs plus vives que celles de son pinceau, il retraça la beauté, le pouvoir et la tendresse de la Reine du ciel. Il apprit à Dolorosa qu'elle était sa mère, et que depuis le berceau elle n'avait cessé de l'aimer et de veiller sur elle. Cette révélation fut comme une douce aurore pour cette âme voilée de ténèbres. « Ah! s'écria la jeune fille en baisant les pieds de l'image de la Vierge, Marie est ma mère, et je ne la connaissais pas ! de grâce, apprenez-moi à la prier. » Raoul lui enseigna la Salutation angélique. Dès lors cette prière fut comme un rayon de miel pour la bouche de Dolorosa, tant elle aimait à la redire.

Dans les jours de captivité et d'exil il y en a qui sont particulièrement tristes, ce sont ceux qui coïncident avec les fêtes de la patrie. Noël marquait surtout dans les jours de liesse de la vieille France ; c'était le double anniversaire de la naissance du Christ et du baptême de la nation française en la personne de Clovis et de ses soldats : aussi ce mot Noël ! Noël ! était par excellence le cri d'allégresse de nos pères. En ce jour Raoul pleura au souvenir des hymnes et des cantiques de la terre natale, des joies du foyer, et des cloches chantant dans la nuit, comme autrefois les anges dans la campagne, en annonçant la bonne nouvelle. Après avoir prié, il peignit la naissance de l'Enfant-Dieu.

Il représenta la Vierge, assise dans la grotte de Bethléhem, tenant Jésus endormi sur son sein. Le regard de la mère était plein de pureté et de tendresse ; la figure de l'enfant était divine, tant elle était douce et radieuse. L'artiste eut la gracieuse inspiration de placer dans son tableau l'âme humaine sous les traits de Dolorosa : Marie, souriant à la jeune fille, lui présentait son fils et semblait dire : « Prenez-le, Dieu me l'a donné pour vous !... »

Quand Marthe et Dolorosa vinrent, elles éprouvèrent une délicieuse surprise à la vue de cette nouvelle peinture. « Je reconnais cette femme, dit la jeune fille, c'est la Vierge : mais quel est le gracieux enfant qui repose sur son cœur? — C'est le Fils de Dieu, répondit Raoul ; c'est le Verbe incarné. »

Alors il lui parla longuement du Fils que devait enfanter la Vierge, du Sauveur promis aux patriarches, du Christ annoncé par les prophètes et attendu par les nations. Il exposa les mystères de son incarnation et de sa naissance, les persécutions et les travaux de ses premières années. Il raconta son baptême au Jourdain, son jeûne au désert et ses prédications dans la Judée. Pendant plusieurs jours il redit à Dolorosa les miracles et les paraboles du Christ.

Il est difficile d'exprimer tout ce que ces instructions éveillèrent d'adoration et d'amour divin dans l'âme de la jeune fille. Dolorosa portait dans ses veines le sang d'un héros chrétien et d'une martyre : la foi et l'amour de Jésus étaient demeurés cachés au fond de son cœur comme des germes célestes ; la parole de Raoul les fit éclore et fleurir.

Pour continuer son œuvre et révéler à Dolorosa le mystère de la Rédemption, le prisonnier peignit le Christ mourant. Il mit dans cette composition son cœur et son âme d'artiste. Le corps et les membres du divin crucifié étaient palpitants d'une vive et déchirante douleur, et sa tête était d'une incomparable majesté. En le voyant, on ne pouvait s'empêcher de dire : Quelle ardente prière sur ces lèvres ! quelle résignation dans ce regard ! quelle sérénité sur ce front! celui qui meurt ainsi est véritablement le Fils de Dieu.

Dolorosa, en entrant dans la prison, s'écria toute saisie : « Quel est celui-ci ? Pourquoi ces plaies dans ses pieds et dans ses mains ? — C'est Jésus, dit Raoul, c'est l'Agneau de Dieu, chargé des péchés du monde et les expiant sur la croix ! »

Puis, continuant la vie du Christ, il raconta l'agonie au jardin des Olives, le baiser de Judas, le reniement de Pierre, les fureurs de Caïphe, les mépris d'Hérode, l'homicide faiblesse de Pilate, la flagellation, le couronnement d'épines, la condamnation, le crucifiement, la mort et la sépulture. Il termina en s'écriant : « Ma fille; voilà jusqu'où Jésus a aimé ton âme, pour elle il s'est livré à la mort de la croix !

— Que faut-il faire, répondit Dolorosa, pour plaire à mon Sauveur ? — Recevoir son baptême et suivre sa loi, en un mot, être chrétienne, reprit Raoul. — Que l'on me donne le baptême, je veux être chrétienne, » dit la jeune fille; et, s'agenouillant aux pieds du Christ, elle baisa ses plaies en s'écriant : «O Jésus, vous serez désormais mon Seigneur et mon Dieu ! »

Le prisonnier mit Dolorosa en possession de la pleine lumière de l'Évangile : il lui exposa le symbole de la foi chrétienne, la loi du Sinaï, les vertus apportées au monde par Jésus, et il lui découvrit dans les sacrements les sources mystérieuses où l'âme s'abreuve de grâce et de vie divine.

Depuis le moment où la jeune fille connut dans

le baptême et l'eucharistie les moyens de s'unir à Jésus-Christ, elle ne cessa de soupirer après eux. Souvent, en entrant dans la prison, elle se jetait tout en larmes aux pieds de Raoul, et disait : « J'ai soif de l'eau qui désaltère et purifie ; j'ai faim du pain du ciel : qui me donnera le baptême et la communion ? »

Pour consoler la catéchumène, Raoul fit un dernier tableau. Il représente une jeune fille assise sur le bord d'un chemin, au pied d'un palmier ; ses mains étaient chargées de chaînes ; elle avait les cheveux épars et le visage couvert de pleurs. Trois voyageurs, ayant un nimbe d'or au front, arrivaient près d'elle : l'un était un majestueux vieillard, l'autre une femme d'une séraphique beauté, le troisième un enfant plus radieux qu'un ange. L'enfant traçait une croix lumineuse sur le front de la captive, et, détachant ses chaînes, il semblait lui dire : « Suis-nous ; nous sortons d'Égypte, nous allons à la patrie. » Cette scène, inondée des rayons du soleil levant, était belle comme une vision céleste.

« Ah ! s'écria Marthe en présence de cette peinture, vous avez fait le portrait de Dolorosa esclave ; avec quelle vérité vous avez rendu sa douleur !...
— Je veux apprendre à ma fille adoptive, répondit Raoul, le moyen qui nous reste encore de rentrer en France, où elle recevra le baptême et l'eucharistie.
— Qui peut nous ouvrir les portes de la patrie ? reprit vivement la jeune fille. — Ces personnages aux nimbes d'or : Jésus, Marie et Joseph, dit le prisonnier ; ils ont été exilés comme nous sur la

terre d'Égypte; invoquons-les avec confiance, et ils nous délivreront. — Que peuvent, dit avec découragement la catéchumène, les prières et les larmes de trois pauvres captifs?...

— Dolorosa, répondit Raoul, il y a dans la prière une force mystérieuse que tu ne connais point. Jésus dit : « Demandez, et vous recevrez; cherchez, « et vous trouverez; frappez, et l'on vous ouvrira. « En quelque lieu que soient assemblées en mon « nom deux ou trois personnes, je me trouve au « milieu d'elles. Si deux d'entre vous s'accordent « ensemble sur la terre, quelque chose qu'ils de-« mandent, elle leur sera donnée par mon Père « qui est dans les cieux. » Voilà les paroles de Celui qui est la vérité, la promesse de Celui qui ne trompe point. Si nous sommes indignes d'être exaucés, nous avons au ciel des protecteurs qui le méritent pour nous; nous avons Marie et Joseph, patrons des exilés; et nous comptons des martyrs parmi nos proches : le sang et les larmes de ton père, de Clotilde et de mes frères, morts pour la foi, crient miséricorde pour nous. Dolorosa, prions avec confiance, prions ensemble, prions avec les saints, et les portes de la patrie s'ouvriront devant nous. »

Ces paroles portèrent l'espérance et la joie dans l'âme de la captive. « Mon père, dit-elle en embrassant Raoul, apprenez-moi à prier. » Il mit dans le cœur et sur les lèvres de la jeune fille le *Pater*, l'oraison que Jésus enseigna à ses disciples.

Depuis ce moment les trois exilés persévérèrent dans la prière jusqu'au jour de leur délivrance.

CHAPITRE VIII

Guerre au Lion de la montagne.

Les captifs prièrent et attendirent pendant de longs mois. Raoul vit revenir une fois encore les hirondelles. Dans leurs troupes joyeuses il chercha du regard la visiteuse au collier de soie; il ne la reconnut point. Pour la seconde fois aussi, il contempla, des fenêtres de son cachot, le Nil couvrant les plaines de l'Égypte. Il aimait ce paysage unique au monde, où les villes et les villages apparaissaient comme des îles au milieu des vagues, et où les palmiers et les sycomores ressemblaient à de gigantesques plantes marines.

Les flots s'étaient retirés, laissant après eux un sol rajeuni et une luxuriante végétation. « Mon Dieu, disait le prisonnier en présence de cette splendide nature, les flots de la tribulation qui ont submergé mon âme se retireront-ils bientôt?... Quand reverrai-je le calme et la sérénité de mes heureuses années?...

Un soir, Bibars, contre sa coutume, entra dans le cachot de Raoul. Il était accablé de tristesse; il s'assit dans un coin de la cellule et se couvrit la tête de son manteau : cet homme au cœur de bronze pleura. « Raoul, dit-il, je l'avoue, j'ai été injuste envers toi; je t'ai retenu captif contre la foi des traités. Le roi de France demandait ta délivrance, et j'ai juré que tu étais mort. T'ayant vu sur la plage de Damiette et la place de Mansourah, j'ai compris que tu valais une armée, et je n'ai pas voulu relâcher le plus redoutable ennemi des musulmans. Pardonne-moi; car Allah a puni mon injustice et mon imposture : je sais maintenant combien sont amères les larmes que versent ton père et ta vieille mère; Achmet, mon fils, est de nouveau prisonnier! Mais cette fois il n'est plus entre les mains loyales des chrétiens, il est devenu la proie de Malek, le Lion de la montagne.

— Qu'est-ce que Malek? dit Raoul. — C'est, reprit l'émir, le plus redouté des chefs arabes. Il a sous ses ordres mille cavaliers agiles comme des aigles, courageux comme des lions. Ils lui obéissent comme la main obéit à la tête; il dit à l'un : « Précipite-toi de ce rocher, » et aussitôt il se jette dans l'abîme; à l'autre: « Plonge ta dague dans ton sein, » et à l'instant il se frappe au cœur. A la tête de ces hommes, il arrête les caravanes qui traversent le désert, il ravage les confins de l'Égypte, et il porte le meurtre et la désolation jusque sous les murs de Jérusalem. Malek, qui a le surnom du lion, en a toute la férocité; il est pour ceux qu'il surprend impitoyable comme la mort.

— Comment Achmet est-il tombé entre ses mains? — Je l'avais envoyé, avec une troupe de mameluks, préserver l'Égypte des incursions de ce brigand. La troupe a été surprise, les mameluks ont péri, Achmet et son écuyer ont été conduits à la montagne où est le château qui sert de repaire à Malek. Là mon fils gémit dans un cachot en attendant la mort : l'écuyer est venu m'apporter ce message de la part du Lion de la montagne : « Si dans dix jours la ville égyptienne la plus voisine de l'Arabie ne m'est point livrée, et si tu ne m'as pas compté deux mille besants d'or, tu recevras la tête d'Achmet. » Je ne puis livrer la ville, je ne suis point le soudan pour en disposer, et, le serais-je, que je devrais sacrifier mon fils à la sécurité de l'Égypte. Tu le vois, si personne ne vient à mon secours, Achmet est perdu. Aide-moi, je t'en conjure. J'ai été injuste; mais sois généreux envers un père infortuné, et montre-toi aussi magnanime que tu es fort et vaillant. » En achevant ces mots, Bibars baisa en pleurant les mains du captif.

« Si tu veux que je combatte, répondit Raoul, il me faut mon épée, mon armure et mon cornet d'ivoire. — Ils te seront rendus. — Je consens volontiers à me battre pour ton fils; mais dis-moi quel sera le prix de mes fatigues et peut-être de mon sang. — Ta liberté. — Ma liberté ne suffit point. — Que te faut-il encore? — Tu me donneras Marthe et Dolorosa, et les ossements de Clotilde. — Ils te seront livrés. — Me promets-tu, lors même que je succomberais dans la lutte, de remettre les deux captives et les ossements de ma sœur au maître des templiers, qui est à Saint-Jean-d'Acre, afin qu'il les fasse conduire en France? — Je te le promets.

— En ferais-tu bien le serment? — Oui, je le jure par Allah et Mahomet son prophète. — Puisqu'il en est ainsi, je mets mon bras à ton service.

« Cherchons ensemble, ajouta le chevalier, par quels moyens nous pourrons surprendre Malek et délivrer ton fils. Décris-moi la demeure de ton ennemi. — Le Lion de la montagne, reprit Bibars, habite une petite oasis de l'Arabie, séparée de l'Égypte par un désert. Son château et la bourgade qui abrite les familles de ses soldats sont assis au sommet d'une roche escarpée; au-dessus d'eux tourbillonnent des aigles et des vautours. La bourgade est ceinte d'une haute muraille, et il faut y pénétrer pour parvenir à la porte de fer de la forteresse habitée par Malek et ses guerriers. Comment escalader cette muraille? Comment aborder le repaire du Lion?...

— Quand j'étais en mer, répondit le captif, j'ai remarqué que l'on fixait les navires par une ancre suspendue à un câble : fais-moi préparer une ancre légère attachée à un long cordage ayant des nœuds placés de distance en distance comme des échelons; je jetterai cette ancre, à la faveur de la nuit, sur la muraille, et je m'introduirai dans la ville de Malek, où je ferai entrer mes soldats à l'aide d'échelles de cordages. Là nous nous glisserons sans bruit au milieu des ténèbres vers le château : nous égorgerons les sentinelles, et nous nous rendrons maîtres du repaire du Lion. Pour exécuter ce hardi coup de main, il me faut cent hommes agiles, forts, vaillants et déterminés à mourir. Peux-tu me les donner?... »

L'émir, surpris de l'habile et rapide conception de ce plan, s'écria : « Ah! tu as vraiment le génie de la guerre!... Je mets à ta disposition cent hommes, l'élite de mes mameluks, et même mille, si tu le désires. — Non, cent me suffisent, repartit Raoul; mais il faut qu'ils soient d'une bravoure à toute épreuve. Qu'ils se préparent; nous partirons avant l'aurore. Que tout soit prêt, et surtout que l'on n'oublie pas l'ancre de fer et vingt échelles de cordages. Achmet s'est laissé surprendre, il faut que le Lion de la montagne soit surpris à son tour. »

Le jour commence à poindre. Les cent mameluks sont prêts, et l'écuyer d'Achmet retient par le frein l'impétueuse cavale que doit monter Raoul. Le chevalier a revêtu son armure aux fleurs d'or; le cornet d'ivoire est suspendu à son cou; il a ceint Taillefer, sa bonne épée, et il a chaussé ses éperons dorés. Il presse la main de Marthe, il baise au front Dolorosa; il leur dit adieu comme s'il ne devait plus les revoir. Ces femmes pleurent. « Priez, leur dit-il; ma confiance n'est point dans la force de nos bras et la vitesse de nos coursiers, elle est uniquement en Dieu et dans la Vierge : ce sont eux qui nous sauveront du péril; ce sont eux qui nous donneront la victoire. Si je ne reviens point, ne pleurez pas; je serai mort content de vous avoir rendues l'une et l'autre à la France, et d'avoir ouvert à Dolorosa, par le baptême, le chemin du ciel. »

Bibars veut voler aussi à la délivrance de son fils.

« Non, dit Raoul, tu es trop âgé pour tenter une entreprise qui demande l'agilité de l'aigle et la force du lion. Seulement n'oublie pas ta promesse.

— Je le jure encore une fois, » répond l'émir en serrant la main du chevalier.

Celui-ci embouche le cornet d'ivoire, et donne le signal du départ, en sonnant une marche guerrière.

« Bibars, crie-t-il en s'éloignant, si dans six jours tu n'entends point cette fanfare, tu pourras dire : Le Franc n'a point réussi ! Achmet, Raoul et les mameluks ont été dévorés par le Lion de la montagne !... »

Les guerriers sont partis. Leurs chevaux sont si vigoureux qu'ils arrivent au soleil couchant au pied des pyramides. Les mameluks s'endorment fatigués ; les coursiers paissent ; Raoul médite, à la clarté de la lune, près des tombeaux des Pharaons.

L'aurore commence à rougir le ciel. « Mameluks, à cheval ! » s'écrie le guerrier ; et tous reprennent leur course : ils traversent la Thébaïde ; ils sont aux confins du désert.

Le soir ils s'arrêtent quelques instants sur les ruines d'une des cités de la vieille Égypte. Pendant que ses soldats reposent, Raoul parcourt la ville détruite ; il est étonné des proportions gigantesques de ses temples et de ses palais, de la grâce et de la hardiesse de ses obélisques, et des formes colossales de ses lions et de ses sphinx de granit. En voyant ces monuments, empreints de force et de grandeur, couchés au milieu des sables, en considérant cette immense cité déserte, en pensant à son peuple éteint, le chevalier ne peut s'empêcher de gémir sur la vanité et le néant des choses humaines.

La nuit est profonde. « Allons, allons, soldats, debout! s'écrie l'infatigable baron; il nous faut franchir le désert à la faveur des ténèbres. Éperonnez vivement vos coursiers, afin que nous soyons dans l'oasis de Malek avant le lever du soleil. »

Les chevaux sont rapides comme des gazelles; ils dévorent l'espace. Avant l'aurore, la petite troupe est parvenue à l'oasis. Elle se glisse à travers les rochers, et elle s'abrite durant le jour dans un petit bois de nopals et d'aloès.

La lune s'est levée à l'horizon; toutes les étoiles brillent au firmament; les cris du chacal et les rugissements du lion troublent seuls la solitude. Raoul quitte sa troupe et va explorer la forteresse. La main sur la garde de son épée, il fait le tour de l'enceinte. Il écoute; aucun bruit, aucun murmure ne s'élève de la cité. Il regarde; personne n'est sur les remparts. Il a trouvé l'endroit où il peut tenter l'assaut : il est à égale distance de la porte de la bourgade et du château de Malek.

Le chevalier revient vers ses gens; tous veillent et sont prêts pour l'attaque. Il confie à vingt d'entre eux la garde des chevaux. « Préparez-les, leur dit-il ; nous reprendrons notre course dans quelques heures ; il faut qu'elle soit rapide. » Puis, s'adressant aux autres mameluks, il ajoute: « Suivez-moi ; ayez de la prudence, du sang-froid et du courage. Quiconque reculera, tuez le, et moi-même, si vous me voyez faiblir, massacrez-moi. » Il les divise en petits groupes et leur assigne le lieu où ils doivent se réunir.

Tous sont au pied de la muraille ; ils la considèrent avec effroi, tant le roc qui la soutient est abrupt et élevé. Raoul fait coucher ses soldats dans l'ombre. Seul debout, il lance de toute la vigueur de son bras l'ancre sur le rempart. Il ne peut l'atteindre !...

Trois fois il recommence, et trois fois le fer retombe inerte à ses pieds. Il appelle à voix basse le plus fort des mameluks, et lui ordonne de jeter l'ancre. L'ancre s'élève à peine à moitié du jet de Raoul. Ce moment est terrible. Le chevalier s'assied à l'écart et pleure en cachant sa tête dans ses mains. Les soldats se regardent avec anxiété. Leurs fatigues sont inutiles, leur entreprise est à néant !...

Raoul prie dans son cœur ; il implore l'aide de Jésus et se recommande à la Vierge. Il lui survient une idée lumineuse : il se rappelle que dans son enfance, en jouant avec les bergers de son père, il lançait avec la fronde des pierres à une grande distance. Il balance aussitôt l'ancre de fer comme une fronde. L'ancre, après avoir tournoyé un instant autour de la tête du chevalier, s'échappe de sa main en sifflant et va frapper au-dessus du rempart. Là elle trouve un point d'arrêt, et le câble noueux est solidement fixé.

Raoul fait signe aux mameluks de monter dans la bourgade : tous hésitent. « Puisque aucun d'entre vous n'ose se hasarder dans le repaire du Lion, leur dit-il à mi-voix, j'y entre le premier, suivez-moi !... » Il saisit le câble noueux et s'élève peu à peu dans l'espace : il atteint la muraille ; il se cramponne à son sommet ; il est dans la ville.

Il jette l'ancre à ses soldats ; ils y attachent les échelles de cordages, qu'ils ont soin de doubler, car elles sont trop courtes. Raoul les fixe fortement à la muraille et donne le signal de l'assaut. En quelques instants tous les mameluks sont dans la bourgade. Le chevalier, précipitant le câble et les échelles au pied des remparts, dit à ses soldats : « Amis, il n'y a plus de retraite possible pour nous : il nous faut maintenant vaincre ou mourir. »

Le baron et ses gens se glissent en silence dans les ténèbres. Ils arrivent près du château ; ils se cachent dans l'ombre. Là ils écoutent les bruits venant de la forteresse : tout dort ; il est plus de minuit. On n'entend que les pas monotones de la sentinelle, et les causeries et les éclats de rire des hommes de garde qui jouent dans une cellule près de la porte de fer.

Raoul fond comme un trait sur la sentinelle : elle jette le cri d'alarme ; elle se débat avec énergie ; elle expire. Les gardes accourus à son secours tombent sous le cimeterre des mameluks.

L'émoi est dans la demeure du Lion de la montagne : ses soldats se précipitent à la défense de leurs frères d'armes. Le chevalier, tenant d'une main sa hache et de l'autre son épée, se place devant la porte de fer. Elle s'entr'ouvre timidement ; il la pousse avec la force de Samson, et se jette avec ses mameluks dans l'enceinte de la forteresse. Entré dans ce repaire, il fait un horrible massacre des satellites de Malek : tantôt il leur fend la tête avec sa hache d'armes ; tantôt il les frappe avec Taillefer, sa bonne épée. Il parvient à la porte de la tour d'où ces hommes de sang et de rapines s'échappent éperdus : il les étend morts à mesure qu'ils apparaissent. Il en fait une sanglante hécatombe.

Malek sort d'une tourelle. Raoul le reconnaît à la richesse de ses vêtements ; il se précipite sur lui ; il le terrasse, et le somme de se rendre. Le Lion, vaincu, remet son épée. « Assez de sang a coulé, s'écrie le baron ; je ne suis point venu exterminer tes soldats, mais seulement te réclamer Achmet, le fils de Bibars. Ordonne à tes satellites de cesser une lutte où ils périront infailliblement jusqu'au dernier. »

A la voix du chef arabe, le combat est suspendu.

Raoul est aussi prudent que brave : il fait déposer les armes à ses ennemis, et il enferme dans la tour les soldats de Malek. Pour éviter toute surprise, il confie à ses mameluks la garde de la tour et du dépôt d'armes, et il en prend les clefs.

Il dit ensuite au chef arabe : « Conduis-moi à la

prison d'Achmet. — Suis-moi, » répond Malek en ouvrant une porte de fer. Raoul et quelques-uns de ses mamelucks entrent dans une sombre demeure. Après avoir parcouru de longs corridors, ils arrivent au bord d'une citerne creusée dans le roc. C'est là que le fils de Bibars a été descendu. Malek, penché sur ce cachot, appelle trois fois le captif. L'écho souterrain répète seul le nom d'Achmet. « Malheur à toi si ce jeune homme est mort ! s'écrie le baron ; je te livrerai aux mains de son père. »

L'écuyer d'Achmet appelle à son tour le jeune émir : « Cher seigneur, dit-il, c'est moi ! Si vous vivez encore, répondez. Ne craignez rien ; Raoul, l'invincible chrétien et vos mamelucks vous ont sauvé. Ils viennent vous chercher pour vous rendre à votre père. » Le captif, croyant toucher à son heure suprême, était demeuré muet de terreur à la voix du Lion. En entendant l'écuyer, il s'écrie dans un transport de joie : « Je vis encore !... hâte-toi de me tirer de cette fosse où je suis enseveli tout vivant, et où je meurs de faim, de soif et d'angoisses. »

Le fidèle serviteur se fait descendre avec un câble dans les profondeurs du cachot, et rapporte son maître entre ses bras. Achmet est pâle et défait, et ses cheveux ont blanchi dans ce lugubre séjour : tant ses angoisses ont été vives, tant sa terreur a été profonde !

Malek, pour le ranimer, lui donne un peu de nourriture et un breuvage fortifiant.

« Il ne suffit pas de nous rendre Achmet, dit

Raoul au Lion de la montagne, il faut nous livrer avec lui cinq mille besants d'or : trois mille seront la part de ton prisonnier, et le reste sera la récompense de ses mameluks. » Malek hésite. « Si tu le préfères, reprend le chevalier, nous enlèverons tes trésors, et, de plus, nous porterons ta tête à Bibars. »

L'Arabe tremble à cette menace et conduit ses vainqueurs dans une vaste salle. Là sont entassées toutes sortes de richesses. A la lueur des torches, on découvre des tapis de Perse, des tissus de l'Inde, des toiles d'Égypte, des armes de Damas, des parfums d'Arabie, et l'on voit briller des statues et des vases d'or et d'argent, des bracelets ornés de pierreries, des colliers de perles et des rivières de diamants. Ces richesses orientales feraient envie au soudan d'Égypte, aux rois de Perse et des Indes. Malek ouvre un énorme coffre de fer devant Achmet et les mameluks qui l'accompagnent, et compte les cinq mille besants d'or.

Pendant ce temps, Raoul parcourt la salle et examine les trésors qu'elle contient. Son regard attristé rencontre des croix, des calices d'or et des châsses d'argent remplies d'ossements sacrés. Il voudrait pouvoir enlever ces richesses chrétiennes; mais il faut y renoncer, les soldats égyptiens sont si avides qu'ils le massacreraient pour les lui ravir.

Malek appelle à son aide : les mameluks veulent enlever tout son trésor. Raoul intervient. « Vous avez les cinq mille besants d'or, dit-il à ses soldats, vous n'aurez pas davantage; et celui d'entre vous

qui portera la main à cet or le paiera de sa tête. »
En achevant ces mots, il pose sa redoutable épée
sur le coffre de fer. Il le ferme, et en donne la clef
au chef arabe.

« D'où viennent ces vases sacrés et ces châsses
pleines d'ossements? demande-t-il au Lion. — Du
monastère de Saint-Sabas, près de Jérusalem, répond celui-ci. — Veux-tu me remettre ces saints
ossements? ajoute le baron. — Volontiers, dit
Malek, pourvu que tu me laisses leurs châsses d'argent. — Dans quoi déposerais-je ces restes sacrés?
reprend Raoul. — Je te donnerai, pour les ensevelir, s'écrie le musulman, une toile de fin lin et un
coffre de cèdre. »

Le chevalier place avec respect dans ce tombeau
un bras de saint Jean-Baptiste, les ossements de
saint Macaire, célèbre solitaire d'Égypte, ceux de
sainte Pélagie, illustre pénitente, et les restes de
saint Julien, martyr d'Alexandrie. En emportant
ces pieuses dépouilles, il se trouve plus riche que
s'il enlevait l'or et les joyaux du prince de la montagne.

L'aube commence à blanchir le ciel. Raoul,
Achmet et leur petite escorte reviennent près de la
troupe des mameluks qui garde la tour. Le baron
demande à Malek deux coursiers, l'un pour le jeune
émir, et l'autre pour porter le coffre de cèdre. Il
ordonne la retraite.

Pour qu'elle s'effectue en pleine sécurité, il dit
au Lion : « Prends quatre de tes plus braves serviteurs, et suis-nous jusqu'au lieu du campement.

Là je te rendrai la clef du dépôt d'armes et celle de la tour où sont enfermés tes soldats. » Le chef arabe est inquiet. « Ne crains rien, reprend Raoul, je te garantis la vie et la liberté. Je te le jure, foi de chevalier, il ne tombera pas un poil de ta barbe ni un cheveu de ta tête. J'agis de la sorte afin d'empêcher toute poursuite de la part de tes gens. — Je m'abandonne entre tes mains, répond Malek, j'espère que ta parole sera franche et loyale comme l'or. »

La troupe sort du château ; elle parcourt les rues mornes et silencieuses de la bourgade ; elle descend des chemins escarpés et parvient au lieu du campement. Là le baron remet à l'Arabe les clefs de sa demeure, et lui dit : « Cesse tes brigandages. Si je l'eusse voulu, toi et tes soldats vous étiez morts. Dieu t'a épargné cette fois. Sache-le, un jour tu tomberas dans ses mains vengeresses ; fais pénitence, sinon il te traitera sans merci. » Malek promet de changer de vie.

Tandis que le Lion de la montagne, triste et confus, regagne lentement son repaire, Raoul et ses mameluks s'élancent sur leurs coursiers ; ils soulèvent un nuage de sable et de poussière, et disparaissent dans la direction de l'Égypte.

Marthe et Dolorosa ne cessent de prier depuis le départ de Raoul. Retirées dans sa cellule, elles s'agenouillent tantôt devant le crucifix, tantôt devant les images de la Vierge et de la sainte Famille. Elles invoquent Dieu et ses saints avec l'ardeur d'âmes captives qui soupirent après la patrie.

Bibars est plein d'anxiété : le sixième jour touche à sa fin, et le baron et ses mameluks ne paraissent point encore.

Au soleil couchant, une trompette tonnante se fait entendre; elle sonne un air triomphal. Les deux captives ont reconnu le cornet d'ivoire : elles montent à la cellule de Raoul et regardent à l'horizon.

Le soleil disparaît derrière la grande pyramide dans un fluide lumineux; le ciel et le paysage sont embrasés comme une fournaise. Tout est mouvement dans la ville; Bibars, ses mameluks et des flots de peuple sortent du côté du Caire. Les deux femmes distinguent Raoul dans le lointain, sur la route poudreuse : son heaume et son armure étincellent; sa bonne épée flamboie; il sonne à pleins poumons du cornet d'ivoire. A côté de lui chevauche le jeune émir Achmet; on le reconnaît à son burnous blanc, frangé d'or. Derrière eux galopent les cent mameluks.

Le chevalier chrétien entre à Mansourah comme un triomphateur : toute la ville l'acclame; on jette sur son passage des fleurs, des palmes et des rameaux d'olivier. Le vieux Bibars et ses mameluks animent eux-mêmes cette ovation.

A cette vue, Marthe et Dolorosa s'embrassent en pleurant de joie : elles touchent enfin au jour de la délivrance.

CHAPITRE IX

Le Retour.

Bibars tint sa promesse; le soir même où son fils lui fut rendu, il fit déposer dans un cercueil les ossements de Clotilde. Raoul assista à cette exhumation : il prit entre ses mains la tête de cette sœur tant aimée, baisa cent fois son front d'ivoire, et répandit des larmes, des parfums et des fleurs sur les restes de la martyre.

Le lendemain il emporta ces chères dépouilles et les reliques enlevées au Lion de la montagne. Accompagné de Marthe et de Dolorosa, il monta sur une galère et descendit le Nil. Achmet le reconduisit jusqu'au port d'Alexandrie. Là le jeune émir embrassa son libérateur avec effusion, et lui remit, pour payer son voyage, les trois mille besants d'or qu'il avait reçus de Malek.

Raoul et ses compagnes s'embarquèrent sur un navire génois et firent voile pour Marseille.

Les trois exilés, en abordant la terre de France, baisèrent avec amour le sol de la patrie. Raoul acheta un coursier pour lui, deux mules noires pour Marthe et Dolorosa, et une blanche haquenée pour porter le coffre de cèdre et le cercueil de Clotilde. La petite caravane, ainsi équipée, prit joyeusement le chemin de la Bourgogne.

Faisons, avant l'arrivée des voyageurs, une courte apparition au château de Mont-Saint-Jean.

Nous avons vu qu'après le départ des croisés le vieux connétable demeura à Dijon pour gouverner la province, et que les deux châtelaines revinrent dans le manoir.

Ces femmes passèrent leurs jours dans la tristesse : assises près du foyer, elles demeuraient ordinairement silencieuses, pensant à l'absence de celui qu'elles aimaient; à table, devant les places vides de leurs époux, elles se regardaient et pleuraient. Elles ne trouvaient de repos que dans la prière, ne se lassant point de demander le retour de Raoul et le succès de son entreprise. Afin d'obtenir de Dieu cette faveur, elles faisaient de larges aumônes et travaillaient continuellement pour les pauvres. L'espérance adoucissait leurs larmes et soutenait leur courage.

Il vint un jour où l'espérance elle-même leur fut enlevée.

Le duc de Bourgogne étant de retour de la croisade, le vieux connétable revint au château de Mont-Saint-Jean, le cœur navré. Il arriva au commencement de la nuit.

Quand la vieille châtelaine vit ses traits abattus, son air consterné, elle s'écria : « Monseigneur, qu'avez-vous? Êtes-vous souffrant? — Plût au ciel! — Vous est-il arrivé malheur? » Le baron garde le silence. « Mon noble seigneur, parlez; pourquoi revenez-vous? — Le duc de Bourgogne est de retour. — Donnez-nous des nouvelles de la croisade. — Elle a été désastreuse : le roi, les princes ses frères et leurs chevaliers sont captifs du soudan d'Égypte! — Ah! quel malheur pour la France et la chrétienté!

— Qu'est devenu Raoul, mon loyal et vaillant époux? dit à son tour Marguerite. — Ma fille, nous n'entendrons plus le grand cornet d'ivoire qui nous envoya le chant d'adieu au départ des croisés!... Il est tombé aux mains des musulmans, et Raoul, qui en sonnait si bien, n'est plus! »

A cette nouvelle, la vieille châtelaine, comme frappée de la foudre, s'affaisse sur son siége en jetant cette douloureuse parole : « Raoul!... Raoul!... »

La jeune femme, folle de douleur, s'échappe de la salle, et parcourt le château en poussant ces cris : « Mon époux est mort! Mon époux est mort! » Elle traverse la grande cour d'armes; elle tourne autour de la chapelle; elle heurte violemment la porte qu'elle trouve fermée. Ne pouvant se réfugier au pied de l'autel, elle tombe à genoux devant une grande croix placée en face de ce sanctuaire.

Le connétable et la vieille baronne cherchent leur fille au milieu des ténèbres. Ils la trouvent près de la croix, pleurant comme Madeleine : ses cheveux sont épars, ses bras sont étendus et ses lèvres sont collées sur les pieds du Christ. Ils l'appellent. D'abord elle est sourde à leurs voix, puis elle répond : « Laissez-moi; ma place est ici! Je voudrais y mourir, pour revoir mon époux. » Ils essaient de la consoler. Plutôt que d'écouter leurs paroles, elle redit le nom de Raoul avec le désespoir d'une veuve. Les deux vieillards ont peine à ramener la jeune femme au manoir.

La douleur de Marguerite fut longue et poignante. Pendant plusieurs mois, la pauvre veuve vécut solitaire, ne voulant recevoir aucune consolation. Elle passait des journées entières enfermée dans sa chambre, pensant à son bien-aimé et se nourrissant de son chagrin. Si elle sortait, c'était pour aller à la chapelle, où elle fondait en larmes, ou bien pour s'asseoir dans quelque coin de la grande cour, où elle demeurait de longues heures, la tête appuyée sur sa main et les yeux fixés vers la terre.

Dans le jeune âge, les impressions sont vives; mais rarement elles sont mortelles; et le temps, qui use tout, finit par tarir les larmes même au cœur d'une veuve. La grâce et les caresses de l'enfant de Marguerite adoucirent le chagrin de cette jeune femme et la rattachèrent à la vie.

La vieille châtelaine demeura brisée par le coup qui venait de l'atteindre; la nouvelle de la mort de Raoul rendit plus vive la plaie qu'elle portait au cœur, depuis le trépas de ses autres enfants et la perte de Clotilde. Elle souffrit en silence, pour ne pas attrister son époux et sa belle-fille. Elle languit pendant de longs mois; puis elle tomba malade, ne pouvant plus quitter sa demeure. Assise près d'une fenêtre, dans un grand fauteuil de chêne, elle passait tout le jour à regarder le chemin que Raoul, ses frères et Clotilde prirent en partant pour les pays d'outre-mer.

Les forces de la malade baissèrent sensiblement, et bientôt elle ne se leva plus que quelques heures. Ses nuits étaient presque sans repos, et, quand elle s'endormait, son sommeil était si léger qu'il était troublé par le moindre bruit.

Une matinée de printemps, elle s'éveille à l'aube : un long frémissement de joie parcourt tous ses membres; son cœur bat avec violence; sa poitrine est oppressée. Il lui a semblé entendre dans le lointain le grand cornet d'ivoire; il sonnait l'air aimé de Raoul. Elle ne peut se rendre compte si c'est un rêve ou une réalité.

Comme elle respire avec peine, elle appelle sa servante; elle se couvre de ses vêtements, et se fait asseoir dans son grand fauteuil, devant la fenêtre ouverte.

En ce moment, une longue bande d'or illumine le ciel. L'hirondelle matinale commence à gazouiller, et le rossignol chante au bord de l'étang. Au fond de la vallée la brume se dissipe, et il se dégage des prés, des ruisseaux, des bois et des collines une senteur de printemps et une fraîcheur qui réjouissent l'âme.

Une seconde fois le cor d'ivoire se fait entendre. C'est réellement lui; il redit l'air aimé de Raoul, le fameux chant du tournoi de Dijon. Seulement celui qui sonne est encore loin. Des larmes de joie montent aux yeux de la châtelaine, et coulent silencieusement le long de ses joues amaigries.

La malade continue de regarder l'horizon, dont les teintes deviennent de plus en plus vives et pourprées : elles annoncent un jour splendide. Une troisième fois le cor retentit dans le vallon : on en distingue toutes les notes, elles sont joyeuses et vibrantes. Celui qui sonne a l'élan et la vigueur de Raoul.

La châtelaine fait appeler Marguerite et le sire de Mont-Saint-Jean. Ils accourent en toute hâte.

« Mère, dit la jeune femme, comme vous êtes haletante! D'où vient cet état? vous respirez à peine, des larmes sont dans vos yeux et la joie rayonne sur vos traits? — Ma fille, Raoul revient! J'ai entendu le grand cornet d'ivoire. — Ah! mère, c'est un rêve. Nous n'entendrons plus les fanfares qui nous charmaient. Nous ne reverrons plus ici-bas votre fils bien-aimé! Résignons-nous, Dieu l'a voulu ainsi.

— Calmez-vous, épouse chérie, dit à son tour le connétable, jamais je ne vous ai vue en proie à pareille agitation. — Je le répète, Raoul revient!... J'ai entendu le cor d'ivoire. — Non, c'est sans doute quelque baron qui chasse dans le voisinage. »

Le soleil se découvre ; il se dégage lentement de ses voiles de pourpre, et monte à l'horizon, pur comme un disque d'or. Il inonde de ses rayons l'appartement de la châtelaine.

A cet instant, le cor sonne une dernière fois. Celui qui l'anime de son souffle puissant va paraître ; il semble au détour du vallon.

Marguerite et le connétable se regardent étonnés et s'écrient : « C'est bien là le cornet d'ivoire de Bourgogne ! et il chante la ballade aimée de Raoul ! » Leurs yeux fixent le chemin blanc qui sort de la vallée.

Bientôt ils distinguent un chevalier revêtu d'une luisante armure. A son côté chemine une blanche haquenée, et, derrière lui, chevauchent sur des mules noires deux femmes au costume oriental.

Dès qu'apparaît le jeune seigneur, sa vieille mère, dont l'œil en cette circonstance est plus perçant que celui de l'aigle, s'écrie : « C'est Raoul ! c'est Raoul ! »

Marguerite s'échappe rapide comme l'oiseau, et vole le long de la colline. Elle atteint les voyageurs dans un chemin creux, sous un massif de grands arbres. Depuis la fenêtre on ne voit rien ; mais on entend des éclats de voix et des cris de bonheur. La jeune femme revient ; elle craint que la vive émotion causée par un retour si inattendu ne tue la malade.

Pendant que les montures, épuisées par plusieurs jours de marche, gravissent lentement le coteau, Marguerite se jette dans les bras de la vieille châtelaine : « Mère, dit-elle, que Dieu soit loué ! il a béni nos aumônes et exaucé nos prières ; il nous rend Raoul ! »

L'heureuse mère ne peut rien répondre : seulement elle lève ses mains et ses yeux vers le ciel.

Le jeune seigneur arrive dans la cour du château. Il embrasse son vieux père. Il soulève son fils, et dit en le baisant : « Comme tu as grandi !... » Les vassaux et les varlets pleurent de joie en revoyant leur maître.

Il entre dans la chapelle, et y dépose les reliques des saints et le cercueil de Clotilde.

Raoul monte les degrés du château : sa mère tressaille en entendant ses pas allègres. Il se jette à son cou. Tous deux demeurent un instant sans voix. Il baise le front ridé de la châtelaine, il baise ses mains et il mouille de larmes ses cheveux blancs.

« Béni soit, dit-elle, Dieu qui te rend à mes prières !... Me ramènes-tu Clotilde ? — Clotilde est au ciel. Elle est morte de la mort des saints, digne de son père par le courage et de sa mère par la foi. — Ah ! chère enfant, je ne te reverrai plus ! et tu dormiras loin de nous sur une terre étrangère ! — Elle reposera près de nous ; j'ai apporté ses restes de l'Égypte. — Puisqu'il en est ainsi, je ne regrette point ton voyage ; il nous a fait connaître la fin de Clotilde et il nous a procuré ses ossements !

— Mère, reprend Raoul, réjouissez-vous, je vous amène une autre Clotilde. Regardez si vous reconnaîtrez les traits de cette jeune fille ? » En achevant ces mots, il présente à la vieille châtelaine la timide et gracieuse Dolorosa. « Ah ! enfant, s'écrie la baronne, viens que je t'embrasse, tu es la vivante image de ta mère ; puisses-tu lui ressembler aussi fidèlement par le cœur ! » Elle serre la jeune fille entre ses bras.

Marthe se tenait à l'écart, jouissant de cette scène, et remerciant dans son cœur Jésus et la

Vierge. Le chevalier, la prenant par la main, la conduit à sa mère. « Embrassez, dit-il, aussi cette femme; elle a bien mérité de votre tendresse : elle assista Clotilde dans l'exil ; elle servit de mère à Dolorosa, et elle me sauva la vie. — C'est Marthe ! s'écrie la baronne en étendant les bras : pauvre Marthe, que le ciel te récompense ! »

Le chagrin faisait mourir la châtelaine, la joie la fit revivre : bientôt sa maladie disparut, et ses forces commencèrent à renaître.

Quelques semaines après l'arrivée de Raoul au château de Mont-Saint-Jean, l'évêque d'Autun, accompagné d'un nombreux clergé, vint, en présence du duc, de la duchesse et de la noblesse de Bourgogne et d'un immense concours de peuple, mettre le sceau à la joie causée par le retour des exilés.

A la lueur de mille flambeaux et au milieu de chants funèbres, il bénit les ossements de Clotilde, et les descendit sous les voûtes du caveau où dormaient ses aïeux.

Il plaça dans des reliquaires de cristal et de vermeil le bras du précurseur du Christ et les corps de saint Macaire, de sainte Pélagie et de saint Julien. Ces restes sacrés sont encore aujourd'hui une des principales richesses de l'église de Mont-Saint-Jean.

Dolorosa, couverte d'un long voile, vêtue d'une robe blanche et couronnée de fleurs d'aubépine, s'avança près des fonts sacrés, accompagnée de Raoul et de la vieille baronne de Mont-Saint-Jean.

D'une voix émue, la catéchumène fit publiquement profession de la foi qui lui avait été révélée dans la captivité. L'évêque versa l'eau baptismale sur son front, et l'enfant de Clotilde devint l'enfant de Dieu.

Le jeune seigneur et la châtelaine conduisirent leur chère filleule près de l'autel, où le pontife célébra les saints mystères. Là, au milieu de la fumée de l'encens, du joyeux carillon des cloches et de cantiques qui semblaient empruntés aux chœurs des anges, Dolorosa reçut la communion, le pain du ciel, et l'onction divine qui donne l'Esprit-Saint.

En ce jour, la jeune chrétienne distribua des vêtements neufs aux pauvres de la baronnie; Marguerite et la vieille châtelaine, naguère si tristes, présidèrent un splendide festin; et le connétable et Raoul répandirent à pleines mains, du haut des fenêtres du manoir, une pluie de sous et de deniers sur le bon peuple qui criait : « Noël ! Noël ! »

Le bonheur, plus gai qu'un joyeux printemps, était rentré dans le castel.

FIN DE RAOUL DE MONT-SAINT-JEAN

PHILIPPE POT

OU

LE CHEVALIER DE NOTRE-DAME

ÉPISODE DE LA PRISE DE CONSTANTINOPLE

LÉGENDE DU XVᵉ SIÈCLE

> Sauve-moi, Dame glorieuse,
> De la prison tant rigoureuse.
> *(Chant de Philippe Pot.)*
>
> Philippe Pot, filleul et favori du duc Philippe le Bon, illustra le règne de ce prince par ses rares qualités : ce fut le chevalier le plus accompli de son temps. (COURTÉPÉE, t. I, p. 189.)

PHILIPPE POT

ou

LE CHEVALIER DE NOTRE-DAME

CHAPITRE I

Le Chevalier.

Entre Beaune et Nolay, dans un sauvage et étroit vallon, sur un roc escarpé, le château de la Roche-Pot est posé comme un nid d'aigle. Il fut bâti au XIIIe siècle par Alexandre de Bourgogne, prince de Morée. René Pot le fortifia. Ce castel, flanqué de quatre tours, était imposant par son site, par l'épaisseur et la hauteur de ses murailles. Son enceinte contenait, outre la demeure seigneuriale, des corps de logis où, en temps de guerre, se retiraient les vassaux. Sa chapelle était remarquable par son étendue, par la grâce de son architecture ogivale, le travail de sa charpente et le mérite de ses tableaux [1].

---

[1] Courtépée, art. *la Roche-Pot*.

Quand les siècles eurent donné aux murailles de cette forteresse cette couleur de bronze qui est une des beautés des vieux monuments, elles s'écroulèrent au souffle de la tempête. La révolution a détruit cet antique manoir.

Aujourd'hui le berger fait paître son troupeau dans la grande cour où jadis manœuvraient les chevaliers et les hommes d'armes; la chèvre se perche au sommet des tours en ruines, elle broute les ronces qui ont envahi le sanctuaire où montaient la prière et l'encens; et la brebis laisse les fils de sa toison aux épines qui couvrent les salles où devisaient les barons et les châtelaines.

Cette ruine, avec l'église romane et le village qu'elle domine, et les collines boisées qui l'entourent, forme un charmant paysage.

Cette féodale demeure fut habitée successivement par des princes de la maison de Bourgogne, par les Pot, les Montmorency, les Silly, les d'Angennes, les Legoux et les Blancheton [1]. De tous ces hauts et puissants seigneurs, un seul a laissé un nom populaire, c'est Philippe Pot. Sa légende se redit le soir près du foyer, et, quand vous visitez les ruines du château, elle vous poursuit comme une abeille d'or.

Essayons de la raconter.

Mahomet II, que les Turcs ont surnommé le Grand, sans doute parce qu'il n'eut rien de médiocre en orgueil, en avarice, en brigandage, en

---

[1] Courtépée, art. *la Roche-Pot*.

perfidie, en cruautés, en débauche et surtout en impiété, rêvait la prise de Constantinople et la chute de l'empire de Byzance. A peine monté sur le trône des Ottomans, il fit ajouter ces mots à la prière publique qu'on récitait dans les mosquées : « Le plus grand des princes est celui qui fera la conquête de Constantinople, et la meilleure des armées sera la sienne. » Ces paroles significatives devinrent bientôt le mot d'ordre de l'armée musulmane.

En 1452, le sultan, à la tête de six mille ouvriers, construisit, sur le territoire de l'empire, sur la rive droite du Bosphore, une forteresse destinée à empêcher le passage des navires qui viendraient au secours de Constantinople pendant le siége qu'il projetait.

L'empereur de Byzance était alors un prince de la famille des Paléologues; il était plein de droiture, de bravoure et de patriotisme ; il s'appelait Constantin Dracosès. Il semblait que ce nom de Constantin, qui avait brillé à la fondation de l'empire, dût encore présider à sa ruine. Dracosès réclama contre la violation de territoire faite par le musulman.

Mahomet répondit à l'ambassadeur qui lui était envoyé : « Allez dire à votre maître que le sultan qui règne aujourd'hui ne ressemble pas à ses ancêtres, et que leurs vœux n'allaient pas aussi loin que va maintenant sa puissance. — Puisque les traités et les serments ne peuvent assurer la paix, dit à son tour le prince chrétien, je remplirai mon devoir ; je défendrai mon peuple, et, s'il le faut, je saurai mourir avec lui. »

Trop faible pour résister à un pareil ennemi, Constantin tourna ses regards vers l'Occident. Il conjura le pape de lui envoyer une armée pour sauver Byzance, le dernier boulevard qui protégeât l'Europe contre l'invasion musulmane. Il demanda aussi au successeur de Pierre un légat, pour mettre fin au schisme d'Orient, et cimenter entre les Grecs et les Latins l'union religieuse qui venait d'être décrétée au concile de Florence.

Nicolas V, s'adressant aux princes et aux nations catholiques, essaya de soulever l'Europe et de la lancer comme un chevalier armé contre l'islamisme.

La voix du pontife ne fut point entendue : les rois ne daignèrent point tirer l'épée pour un peuple qui par ses perfidies avait fait échouer les croisades; et les nations catholiques ne voulurent pas verser leur sang pour une ville qui depuis des siècles avait divisé l'Église, et creusé entre l'Orient et l'Occident un abîme plus profond et plus vaste que la mer qui les sépare.

Les Vénitiens et les Génois, craignant de perdre pour leurs flottes l'empire de la Méditerranée, répondirent seuls à l'appel du pape. Dans les autres États, il n'y eut pour la cause de Constantinople que des dévouements isolés [1].

Philippe Pot fut du nombre de ces héroïques volontaires.

---

[1] Raynald et Ducas.

Il était d'illustre lignage, et le fils d'une des plus puissantes maisons de Bourgogne [1]; à sa naissance, il avait été tenu sur les fonts baptismaux par le duc Philippe le Bon. Il était, par sa haute stature et la distinction de ses traits, par sa bravoure, sa courtoisie et la noblesse de ses manières, par la franchise et la loyauté de son caractère, le chevalier le plus accompli de son temps. Il composait des ballades et des chansons comme un trouvère; et son éloquence devait plus tard le faire surnommer *Bouche de Cicéron*. Son cœur était plein de fidélité pour Dieu et d'amour pour la Vierge : il eût mieux aimé mourir mille fois que de les offenser. Jamais il ne refusa son avoir aux pauvres et son bras à l'opprimé. Comme toutes les natures généreuses, il préférait la paix à la guerre; mais quand il voyait le faible attaqué par le fort, son courage s'enflammait; et une fois qu'il avait lacé son heaume, que son écu était à son cou et son épée à son côté, il devenait farouche, impétueux et sans merci. Sur le champ de bataille, plus était grande devant lui la foule ennemie, plus il était fier et terrible. En un mot, il était si bien doué, que chacun de ses frères d'armes disait : « J'aimerais mieux être Philippe Pot que roi de France ou empereur d'Allemagne. »

Il avait vingt-six ans, l'âge de la force et des élans généreux. Ses fiançailles venaient d'être célébrées avec la plus vertueuse, la plus belle et la

---

[1] Philippe Pot, fils de René Pot, naquit en 1428.

plus riche héritière de Bourgogne, Jeanne, fille de Pierre de Beaufremont, comte de Charny et grand chambellan de Philippe le Bon; et dans quelques jours il devait la conduire à l'autel et la recevoir pour épouse.

Dès qu'il entendit le cri de détresse de Constantin et l'appel du souverain pontife, il dit à sa fiancée : « Gentille damoiselle, je pars pour Constantinople; je veux, avant nos épousailles, me rendre digne de vous et de votre vaillant père. — Allez, lui dit la jeune fille; que Dieu vous soit en aide et que la Vierge vous garde! »

Philippe adresse ce message à ses amis et à ses frères d'armes : « Compagnons, je pars pour la nouvelle croisade; quiconque préfère le Christ à Mahomet, la justice à l'iniquité, la cause du faible à celle du fort, me suivra. Je donne à tous les hommes de cœur rendez-vous à l'église Notre-Dame de Dijon, pour la fête de la glorieuse Assomption de la Vierge. »

Le 15 août de l'année 1452, il quitte bien avant l'aurore le château de la Roche-Pot, après avoir dit adieu à son père et embrassé sa vieille mère. Il arrive au parvis de Notre-Dame.

Là il trouve quatre cents jeunes chevaliers, vaillants et avides de périlleuses aventures. Ils le proclament leur chef. Ils entendent dévotement la messe à l'autel de la Vierge, et tous reçoivent le très-précieux corps de Dieu. Ils font bénir leur bannière; elle porte l'image de la Vierge, avec cette devise : *Notre-Dame de Bon-Espoir, soyez-nous en aide.*

Ils partent : leur chant de guerre est l'*Ave, maris stella*. En traversant la ville de Dijon, ils ont peine à fendre la foule, qui leur adresse des paroles d'adieu et les salue par ces cris : « Honneur aux preux! honneur aux chevaliers de Notre-Dame! »

Ils parcourent la France : leur passage suscite de nouveaux dévouements; des preux prennent leurs armes et se groupent sous leur bannière. Quand ils arrivent à Gênes, ils se trouvent cinq cents chevaliers.

Justiniani, le chef de l'expédition, est fier d'avoir sous ses ordres la fleur de la noblesse française et bourguignonne. Il nomme Philippe son lieutenant, et assigne à sa phalange le poste d'honneur, l'avant-garde de l'armée chrétienne.

Les galères génoises rejoignent les navires vénitiens, et la flottille fait voile pour Constantinople, où elle porte le cardinal Isidore, légat du pape, et l'armée latine, composée seulement de deux mille soldats.

Constantin, qui compte autour de lui à peine huit mille hommes, est heureux de recevoir ce secours. « Sire, lui dit Justiniani, nous sommes si peu, qu'à notre grand regret nous ne pouvons vous apporter la victoire. — Général, répond l'empereur, quand on a avec soi l'élite de la chevalerie française et les premiers marins du monde, on ne doit jamais désespérer du succès. Je vous remercie d'être venu, avec ces guerriers, en aide à un prince malheureux. Si nous ne pouvons vaincre, du moins nous saurons combattre à outrance, et tomber avec honneur! — Vive Constantin! s'écrie l'armée latine, vive l'empereur de Byzance! » Dracosès baise respectueusement la main du légat, et embrasse Justiniani et Philippe.

Autant Paléologue se montre courtois et reconnaissant, autant le peuple grec est vil et ingrat; il couvre de malédictions les croisés à leur entrée dans Constantinople. « Nous ne voulons pas, crie-t-il, du secours des Latins! nous n'avons pas besoin d'eux pour vaincre! loin de nous les azymites[1]! »

Pour fusionner les éléments divers qui composent son armée, pour attirer la bénédiction de Dieu sur ses efforts et tenir sa promesse au vicaire de Jésus-Christ, Constantin essaie d'éteindre le schisme cause de l'isolement et de la perte de Byzance. Il invite les Grecs et les Latins à sceller leur union par un commun acte de foi : il les convie tous à l'église Sainte-Sophie pour entendre la messe du légat du pape et recevoir l'Eucharistie de sa main.

Les Latins et quelques-uns parmi les Grecs répondent à cet appel; l'empereur, Justiniani et Philippe s'agenouillent les premiers à la table sainte.

Cette cérémonie est le signal d'une recrudescence de haine de la part des schismatiques; ils repoussent toute union, en s'écriant avec fureur :

---

[1] Les Grecs appelaient ainsi les Latins parce qu'ils se servaient de pains azymes ou sans levain pour offrir les saints mystères, tandis que les Orientaux n'employaient que du pain levé.

« Nous aimerions mieux voir à Constantinople le turban de Mahomet que la tiare du pape! Nous ne mettons point notre espérance dans les Francs; elle est uniquement en Dieu. Jamais nous ne renoncerons à la religion de nos pères pour embrasser les impiétés romaines. Arrière, arrière le culte des azymites! » Et beaucoup de ceux qui ont pris part à l'union disent eux-mêmes : « Attendez que la ville soit délivrée du farouche sultan, et vous verrez si nous sommes réconciliés avec les Latins. » Tous regardent Sainte-Sophie comme profanée par le culte catholique, et s'éloignent de cette église comme d'un temple païen [1].

Mahomet arrive sous les murs de Byzance avec une armée de trois cent mille hommes et une flotte de cinq cents navires : la campagne est inondée de ses soldats, le Bosphore est couvert de ses vaisseaux. Quatorze batteries d'une artillerie formidable foudroient continuellement les remparts de la ville.

Malgré la haine et les insultes des Grecs, les Latins défendent Constantinople comme si c'était leur patrie : ils font pleuvoir sur les Turcs une grêle de traits et de javelines, et des torrents de feu grégeois. Toujours intrépides et vigilants, Justiniani et Philippe encouragent les assiégés par leurs paroles et leurs exemples. Ils sont partout où se trouve le danger. Ils ne connaissent point de repos. Ils passent les jours à combattre, et les nuits à faire réparer les murailles ébranlées ou détruites.

---

[1] Michel Ducas, c. XXXVI.

Justiniani est le génie qui conçoit les plans d'attaque, et Philippe est la main qui les exécute. Tantôt le terrible Bourguignon, suivi de ses chevaliers, monte à l'abordage, tue les matelots ottomans, et incendie ou coule leurs navires; tantôt, à la faveur des ténèbres, il se glisse dans le camp ennemi et y porte l'épouvante et le carnage. Il a tant d'audace, que dans une sortie il a renversé le pavillon où dormait le sultan, et a failli s'emparer de sa personne. Aussi Mahomet a mis sa tête à prix. « Je vous donne cinq mille ducats, a-t-il dit à ses janissaires, si vous m'apportez la tête de ce lion, et je vous en promets dix mille si vous me l'amenez vivant. » Philippe Pot est la terreur des Turcs; ils l'ont surnommé *le Chevalier de la Mort*.

L'héroïque résistance de Constantinople dure depuis neuf mois. Mahomet désespère d'en triompher.

Soudain il conçoit un de ces projets audacieux qui décident du sort des combats et changent la fortune des empires. « Dans quelques jours, dit-il à ses janissaires, Byzance sera mon trône ou mon tombeau. » Sa flotte, mouillée dans les eaux du Bosphore, lui est inutile, car d'énormes fortifications défendent la ville de ce côté; il fait, à force de machines et de bras, glisser par terre, sur des planches huilées, une partie de ses vaisseaux, et les jette dans la Corne-d'Or, port de Constantinople qui n'est fermé que par une faible chaîne. Il forme un pont de ces navires, et se prépare à l'assaut.

Quand Constantin voit ce travail, il dit en soupirant au général génois et au chevalier bourguignon : « Nobles amis, maintenant c'en est fait de Byzance et de mon empire!... »

Paléologue, Justiniani et Philippe, en héros chrétiens, passent la nuit à se préparer, avec leurs soldats, à bien mourir; ils remplissent leurs devoirs religieux.

Le lendemain, Constantin, accompagné de ses deux amis, sort du palais de ses pères, qu'il ne doit plus revoir; il prend ses armes, monte à cheval et rassemble dans l'Hippodrome les débris de sa petite armée. « Soldats, s'écrie-t-il, voici notre dernier triomphe ou notre dernière heure! La gloire nous attend si nous sommes braves; le ciel nous est ouvert si nous mourons en preux. Sauvons la religion du Christ, nos familles et notre patrie; ou tombons glorieusement ensevelis sous les ruines de Constantinople et de l'empire. » Il les conduit aux remparts.

L'assaut commence avec fureur : la lutte dure pendant deux jours. Les Turcs sont repoussés; mais ils reviennent toujours plus nombreux.

Enfin Justiniani est mortellement frappé; on l'emporte expirant du combat. Il était, avec Philippe, le principal rempart de la cité : sa chute ébranle les courages. L'empereur, pour ranimer l'énergie de ses soldats, redouble de vaillance. Ses efforts sont inutiles : les Turcs, survenant par une porte où ils ne sont point attendus, prennent à dos la petite armée et l'assaillent de tous côtés. Les Grecs sont en désordre. En voulant les rallier,

Constantin tombe mort, honorant par son héroïque trépas la chute du Bas-Empire[1].

Les Grecs ont fui. Les Génois plient à leur tour et se retirent sur leurs galères. Ils voguent vers l'Italie, emmenant avec eux les plus précieux débris de Byzance, quelques savants qui, pour se consoler de la patrie absente, emportent les manuscrits des auteurs de la Grèce antique et des Pères de l'Église.

Philippe et sa troupe demeurent seuls sur le champ de bataille. « Chevaliers, dit le vaillant chef, les remparts sont au pouvoir des Ottomans; replions-nous près du parvis de Sainte-Sophie, pour faire de nos corps une barrière à l'autel du Christ, et protéger un instant encore l'honneur des femmes et la vie des enfants et des vieillards, réfugiés dans cette église. »

A ces mots, la petite phalange charge avec vigueur les masses compactes et profondes qui sont devant elle : elle s'y enfonce irrésistible et rapide comme le glaive d'un preux dans une poitrine ennemie. Elle s'ouvre un sanglant passage.

Les chevaliers se placent devant le portique du temple. « Amis, s'écrie Philippe, crions tous : Vive le Christ qui aime les Francs! vive Notre-Dame! vive la France! vive la Bourgogne! » Trois fois ils poussent ensemble ces chrétiennes et patriotiques acclamations, ils s'embrassent en signe d'adieu, et recommencent la lutte avec une ardeur nouvelle.

---

[1] Le 29 mai 1453. Phrantzès et Michel Ducas.

Vingt fois les janissaires se lancent avec rage sur l'escadron chrétien; vingt fois ils sont repoussés et laissent le terrain jonché de leurs morts. Les soldats de Mahomet, désespérant de rompre avec la lance et l'épée cette phalange de fer, font approcher le canon et la battent en brèche comme une tour. Foudroyés par les feux croisés de deux batteries, les chevaliers tombent dignes de la France et du Christ; en mourant, ils jettent tous jusqu'au dernier ces héroïques paroles vers le ciel : « Vive le Christ! vive Notre-Dame! vive la France! vive la Bourgogne! »

Philippe reste seul debout au milieu des débris sanglants de ses frères. « Ne tuons pas celui-ci, s'écrient les janissaires, c'est le Chevalier de la Mort; Mahomet nous a promis dix mille ducats si nous le lui amenions vivant. Donnons cette joie au sultan, et que ce soit le comble de cette glorieuse journée. »

Les plus braves entourent le guerrier et le somment de se rendre. Il leur répond par de grands coups d'épée et les étend morts à ses pieds. Alors la troupe des janissaires se précipite avec furie sur Philippe; et l'un d'eux plante sa lance au cœur de son coursier. En tombant, le noble animal se renverse sur son maître et couvre de son poids la main droite et l'épée du chevalier. Le preux n'a plus que son bouclier pour se défendre. Il le lève menaçant Le chef de la troupe essaie de le saisir. « Tu es bien hardi! » s'écrie Philippe; et à l'instant il lui fend la tête avec l'angle du bouclier. Les janissaires se jettent ensemble sur leur ennemi ; ils le terrassent, ils l'enchaînent. Le lion est captif.

Ils l'attachent, comme un nouveau Samson, à l'une des colonnes du temple. Là le vaillant chrétien a la douleur d'être témoin de la désolation et de l'abomination dans le lieu saint. Les janissaires entrent dans l'église Sainte-Sophie, et y font un horrible massacre d'enfants, de femmes et de vieillards. Quand ils sont las de tuer, ils enchaînent.

Philippe voit passer devant lui de longues files d'esclaves. « Courage, leur crie-t-il, rien n'est perdu tant que l'on peut sauver son âme. Mourez plutôt que de renier la foi. De grâce, soyez forts, et rendez-*...* dignes du ciel. » Les musulmans le frappent au visage, et lui imposent silence. Loin de se taire, il exhorte avec plus d'énergie les chrétiens.

Le sultan arrive à la porte de la grande basilique, ses satellites lui offrent le lion enchaîné. « Honneur aux janissaires, s'écrie-t-il, ils ont capturé le Chevalier de la Mort ! Mahomet leur avait promis dix mille ducats ; mais, maintenant qu'il est maître de Constantinople, ils en auront cent mille. »

Ivre d'orgueil, le sultan entre à cheval dans l'église Sainte-Sophie ; il foule aux pieds un monceau de cadavres ; et, en signe de domination et de conquête, il laisse sur les fresques à fond d'or, où on peut encore la voir, l'empreinte de sa main teinte de sang. Descendant de son coursier, il s'assied comme un dieu sur l'autel, et il fait signe à l'un de ses imans de monter dans la chaire des

Grégoire et des Chrysostome, et de psalmodier les prières de l'islam dans le sanctuaire du Christ. A ce spectacle, Philippe sent bouillonner son sang et détourne la tête [1].

Après avoir profané le temple de Dieu, Mahomet va prendre possession du palais des empereurs de Byzance. Il traîne derrière lui le chevalier bourguignon, chargé de chaînes : le captif porte la tête haute, et a le fier regard du soldat qui s'est héroïquement battu.

Sous le portique du palais, un janissaire présente au sultan la tête de Constantin au bout d'une lance. Mahomet jette un dédaigneux sourire sur la tête du vaincu. Philippe, au contraire, s'incline avec respect : « Salut, s'écrie-t-il, noble et vaillant ami ! Je préfère, devant Dieu et la postérité, ton sort à celui de ton vainqueur.

— Jetez en prison le Chevalier de la Mort, dit le sultan. Traitez-le avec égards, j'ai des vues sur lui. »

Philippe est enfermé dans une tour qui domine le Bosphore. Il distingue à l'horizon la flotte génoise qui s'éloigne. En tout autre temps, il eût pensé à la Bourgogne, à sa vieille mère et à sa fiancée ; à cet instant, il est tout entier à la douleur publique.

Du fond de son cachot il entend s'élever de toutes les parties de la ville des cris et des hurlements : ce sont les chrétiens que l'on égorge ! Les soldats du

---

[1] Michel Ducas, c. XXXIX et XL.

sultan, pour punir Constantinople de sa résistance, passent au fil de l'épée quarante mille de ses habitants. Pendant cet horrible massacre, Philippe pleure, en tenant sa tête cachée dans ses mains.

Quand le tumulte a cessé, le captif regarde sur la rive du Bosphore. Il voit arriver d'interminables caravanes de femmes, d'enfants et de vieillards. Ce sont les derniers habitants de Byzance, au nombre de plus de soixante mille. Ils s'embarquent pour Andrinople, où ils seront vendus comme des troupeaux d'esclaves [1].

La ville du grand Constantin, la capitale de l'Orient est devenue un désert! Et quand Mahomet voulut la repeupler, il lui fallut faire venir des multitudes d'habitants des diverses provinces de son empire.

CHAPITRE II

Le Martyr.

Philippe, enfermé dans sa prison, passe de longues heures à prier. Quand il ne prie point, il s'accoude à la fenêtre grillée de son cachot et regarde le Bosphore. La vague qui bat continuellement la tour, la mer qui se déroule immense, le

---

[1] Michel Ducas, c. XL.

beau ciel de l'Asie, les rives enchantées du golfe, les navires qui sillonnent les flots, l'aspect du plus splendide paysage qui soit au monde distraient son esprit, mais ne peuvent consoler son cœur. Souvent le captif verse des larmes, en pensant à son castel de la Roche-Pot, à son noble père, à sa vieille mère et à la fiancée qui attend son retour.

Le geôlier le traite avec égard : il est touché de la vertu, de la jeunesse et du malheur du prisonnier. Tous les jours il lui apporte pour sa nourriture des mets de la table impériale. Philippe se contente d'un peu de pain et d'eau ; il abandonne le reste à son gardien. « Prends ces mets, dit-il, je tiens à me souvenir que je suis le captif de Mahomet, et non point son favori. »

Un matin, Philippe cherche ses vêtements : ils ont disparu pendant la nuit. Le geôlier, par ordre du sultan, les a enlevés et a mis à leur place le costume brodé d'or de grand chef des janissaires. Le captif refuse de porter le vêtement des satellites de Mahomet, et pour se soustraire à cette honte il demeure trois jours couché sur son grabat. A la fin il est forcé de se couvrir de la robe asiatique. Mais il reste la tête nue ; il ne veut point du turban, qui est chez les Orientaux l'un des insignes de l'islamisme.

Vainement le gardien parle du danger de l'insolation sous le ciel de l'Asie ; vainement il vante la richesse de la nouvelle coiffure, galonnée d'or et enrichie de pierres précieuses ; Philippe résiste. « Ce serait le turban qui sert de diadème à ton maître, s'écrie-t-il, que je n'en voudrais point. On peut me trancher la tête ; mais jamais on ne la souillera de cet insigne de l'esclavage et de l'apostasie. Mahomet peut broyer mon corps ; mais jamais il n'avilira mon âme. »

Un jour, le geôlier vient annoncer à Philippe que le sultan le mande à sa table.

Le captif sort de son cachot ; il traverse les jardins du palais, charmante création de l'art grec. Il admire la régularité des allées, la variété des fleurs, l'abondance et la limpidité des eaux que des tritons et des naïades de bronze versent dans des bassins de porphyre. Sur son passage, il trouve un peuple de marbre : ce sont des satyres qui semblent se poursuivre à travers les bosquets ; ce sont des nymphes et des déesses qui se cachent sous des berceaux de verdure.

Arrivé au péristyle du palais, il s'arrête émerveillé par le nombre et la légèreté des colonnes, la pureté des lignes, et l'harmonie qui règne dans l'ensemble de cet édifice, dont la grâce rappelle le Parthénon. Il franchit le portique ; il parcourt de longues galeries sous lesquelles il rencontre des héros et des dieux, dont la beauté sculpturale révèle le ciseau de Phidias et de Praxitèle. La demeure qu'habitaient les princes du Bas-Empire n'a rien d'austère et de chrétien ; on n'y respire que le paganisme, le luxe et la mollesse. On sent que ceux qui ont passé par là étaient les descendants d'Alcibiade et de Périclès plutôt que les successeurs de Constantin et de Théodose.

Philippe est introduit dans la salle du festin, dont

l'aspect est féerique : elle est en marbre de Paros ; ses colonnes sont de l'ordre corinthien le plus pur ; ses statues sont des chefs-d'œuvre du génie grec ; son pavé est une mosaïque qui a tout l'éclat et le fini de la peinture. Là s'étend un magnifique tapis sur lequel reposent, dans des vases de cristal, d'argent, de vermeil et d'or, les mets les plus exquis, les breuvages les plus recherchés, les fleurs les plus rares. Autour de cette table orientale sont assis, en grand costume, les hauts dignitaires de l'armée et de l'empire : Mahomet, ses vizirs et ses pachas.

Philippe salue l'assemblée avec dignité ; sa démarche n'a rien qui sente l'esclave ; il a toute l'aisance et la fierté qu'il portait à la table du duc de Bourgogne.

« Écartez-vous devant le plus brave des Francs, dit Mahomet à ses vizirs ; qu'il se mette à la place d'honneur, en face du plus puissant des musulmans. »

Le repas commence ; il est d'abord silencieux, selon la coutume des Orientaux. Le sultan se montre plein de prévenances envers son prisonnier ; il lui verse à flots les vins les plus renommés de Chypre et de Grèce : on croirait qu'il donne ce festin en son honneur. La coupe de Philippe reste toujours pleine ; il ne fait qu'y porter les lèvres, tant il se défie des caresses de son ennemi. Mahomet, pour exciter son convive, boit largement de ces vins, malgré la défense du Coran : cet homme ne connaît d'autre culte que ses appétits et d'autre Dieu que lui-même.

Quand la gaieté est dans les cœurs et que la conversation s'anime, le sultan échange ces paroles avec son captif : « C'est à moi que tu dois la vie ; sans ma recommandation tu serais mort sur le champ de bataille. Par Allah! c'eût été grand dommage, car tu es un vaillant homme. — Si tu m'as épargné pour me rendre à la Bourgogne et à ma vieille mère, je t'en remercie. Ce sera un trait de magnanimité qui honorera le vainqueur de Constantinople. — J'ai d'autres desseins sur toi; tu as si bien défendu Byzance, que tu es digne d'y régner. — L'unique empire que j'ambitionne c'est le pauvre castel et l'humble baronnie de mon père. — Au lieu de ton misérable donjon et de ta froide et brumeuse Bourgogne, tu habiteras le palais de Mahomet, et tu régneras avec le sultan sur le plus beau des empires. Tu auras honneurs et richesses.

— Prince, répond Philippe, laisse-moi te raconter un des vieux fabliaux de mon pays. Un jour, un roi, étant à la chasse, trouva dans un champ de blé une alouette à peine échappée de son nid. Il l'emporta dans son palais, et la mit dans une cage dorée. Il lui donna de l'eau limpide et du pur froment. « Chante et sois heureuse, lui dit-il, désormais rien ne te manquera. — Si tu veux que je sois heureuse, répondit la pauvrette, laisse-moi m'envoler vers le sillon où est caché mon nid; là m'appellent mon père et ma mère. » Tu es le roi, ajoute le prisonnier, et moi je suis l'alouette des champs, et je dis comme elle :

« Prison d'or ne vaut pas l'aimable liberté. »

Mahomet, renonçant à convaincre son captif, lui dit d'un ton impérieux : « Il est inutile de discuter, tu ne reverras jamais ta Bourgogne : j'ai fait annoncer ta mort au duc Philippe. Cesse de penser à un pays où tu n'es plus attendu. — Le jeune oiseau, s'écrie le chevalier bourguignon, oublie vite sa mère et son nid, mais moi je mourrai avant d'avoir perdu le souvenir de ma vieille mère et du castel de la Roche-Pot. »

Après un moment de silence, le sultan reprend l'entretien : « J'aime les vaillants, dit-il, et à cause de cela je te crée le premier de mes pachas, le chef de mes janissaires. La plupart de ces guerriers sont nés chrétiens et se sont faits musulmans pour me servir ; tu feras comme eux et tu seras, après Mahomet, le premier de l'empire. — Garde tes honneurs ; pour moi, je garde ma foi. Que me servirait de gagner le monde si je venais à perdre mon âme ? — Pourquoi tant tenir à ton Christ ? S'il était Dieu, il eût sauvé Byzance des mains des disciples du Prophète. — Cette malheureuse ville a mérité son sort : elle altéra la foi du Christ ; elle se montra toujours rebelle à sa voix ; elle déchira son Église, qu'il avait établie une, comme un manteau sans couture. En punition de tant de crimes, il te l'a livrée comme autrefois il livra Jérusalem aux Romains. — Si ton Christ était réellement Dieu, tu ne serais pas mon prisonnier. — En me voyant sur le chemin royal de la croix, ma foi, loin de chanceler, ne fait que s'affermir ; car Jésus, loin de promettre des succès terrestres à ses serviteurs, leur dit : « Si quelqu'un veut

« venir après moi, qu'il prenne sa croix et qu'il me
« suive. » — Pourquoi ne ferais-tu pas ce que font
tant d'autres chrétiens, surtout depuis la prise de
Constantinople? — S'il y a des apostats et des lâches,
c'est une raison pour qu'il y ait des hommes de
cœur et des martyrs. — Ton langage est bien fier :
si je te faisais trancher la tête? — Je mourrai volontiers pour le Dieu qui est mort pour moi, et
mon dernier cri sera : Vive le Christ qui aime les
Francs ! »

Philippe profère ces paroles avec tant d'énergie,
que le sultan comprend qu'il ne pourra vaincre la
foi du captif. Dissimulant sa défaite, Mahomet s'écrie : « Voilà une de ces âmes comme je les aime !
c'est une forteresse qu'une armée ne prendrait point
d'assaut. Garde ta foi ! ta fidélité envers le Christ
m'est un sûr garant de celle que tu auras pour moi.
Au lieu du turban, tu continueras de porter le
heaume de chevalier : tu as raison, le casque te sied
bien sur un champ de bataille. Esclaves, apportez
le moka, afin que je le serve au plus fier des chrétiens. »

Aussitôt apparaissent deux esclaves avec des aiguières et des coupes de vermeil, et des plats d'or
chargés de miel du mont Hymette. Le sultan verse les
flots noirs du café dans la coupe du captif, et il y
dépose un morceau de miel. La liqueur écume et
petille. « Prends ce breuvage, s'écrie-t-il, et tu me
diras s'il est de ton goût. » Le chevalier y porte les
lèvres : « Cette liqueur, répond-il, est délicieuse,
tant elle est douce et parfumée. — C'est la boisson

qui convient aux braves, réplique Mahomet : quand j'en prends avant le combat, il me semble qu'elle me donne la vigueur du lion et le coup d'œil de l'aigle.

« Sire Philippe, continue le sultan, quelles grandes expéditions nous ferons ensemble ! elles surpasseront la prise de Constantinople. Avec mes armées nous conquerrons la Bulgarie, la Moldavie et la Hongrie. Dans quelques mois tu seras vice-roi de Hongrie. Avec mes flottes nous prendrons Rhodes et Malte, et le pavillon ottoman règnera sur la Méditerranée. Ah ! quel avenir pour toi, dont l'âme guerrière aime la gloire et les combats !... — J'aime la guerre, répond le chevalier ; mais il faut qu'elle soit juste. Mon bras sera toujours au service de l'opprimé contre l'oppresseur, du faible contre le fort, du chrétien contre le mécréant. Que mon épée se brise, ou même qu'elle me perce le cœur plutôt que de se prêter à une cause antichrétienne ou injuste. »

Mahomet trouve cette âme chevaleresque invulnérable sur tous les points. Il rugit intérieurement; mais il dissimule sa fureur, voulant à tout prix associer Philippe à ses vues ambitieuses et l'enchaîner au char de sa fortune. « Quand mes guerres te déplairont, reprend-il, tu resteras à Constantinople pour gouverner l'empire. J'ai besoin d'un homme loyal comme toi, afin que, pendant mon absence, mes intérêts soient fidèlement gardés, et que mes peuples reçoivent bonne et prompte justice. »

Le sultan a le génie de la séduction : désespérant d'enchaîner lui-même ce nouveau Samson, il veut le livrer à une autre Dalila. Il a une sœur appelée Azaïl : elle a vingt ans ; son esprit est insinuant et son âme est généreuse ; sa rare beauté lui a valu le surnom de *Perle de l'Orient*. Il a résolu de se servir de cette jeune fille pour gagner peu à peu le cœur de Philippe, et lui ravir cette foi chrétienne qui élève un mur d'airain entre le captif et son maître. Ce calcul est aussi habile que pervers : la fille de Pharaon n'a-t-elle pas fait adorer ses dieux au sage Salomon lui-même ?

Tout est préparé pour cet assaut suprême : la belle sultane est au fond de la salle, cachée derrière une riche tenture. Au signal donné par Mahomet, le rideau se lève et la jeune fille apparaît. Assise sur un divan, Azaïl est revêtue d'une robe brochée d'or ; son front porte un diadème de perles ; un collier de diamants est à son cou ; ses bras, à demi nus, sont ornés de bracelets étincelants de pierreries : elle a le luxe, les charmes séducteurs et la molle beauté des filles de l'Orient. A côté d'elle sont deux esclaves mauresques, dont le teint brun fait ressortir plus vivement la blancheur et l'incarnat du visage de la sultane. L'une de ces femmes soutient une cassette pleine d'or, et l'autre porte un écrin rempli de pierres précieuses : c'est la dot de la princesse.

« Nobles pachas, dit le sultan aux officiers qui l'entourent, je vous ai réunis pour célébrer les noces du plus brave des Francs avec la plus belle et la plus riche fille de l'Asie. Je donne ma sœur Azaïl à Philippe, le vaillant chevalier. »

Le captif a compris l'arrière-pensée de Mahomet et le piége tendu à sa foi. Il jette un chaste regard sur la sultane, et dit à son frère : « Je souhaite à la belle Azaïl d'avoir un époux puissant et valeureux comme toi; mais je ne puis lui donner mon cœur, il ne m'appartient plus. — Comment cela? s'écrie Mahomet. — Avant mon départ pour Byzance, j'ai, par de solennelles fiançailles, promis à une noble jeune fille de l'épouser. — La captivité délie ta promesse. — Non, c'est un proverbe parmi les Francs que la parole d'un Bourguignon vaut une obligation; je ne le ferai pas mentir. — L'intérêt personnel rompt tous les traités : si j'avais suivi une autre morale, je ne serais pas aujourd'hui maître de Constantinople. — Un chevalier chrétien met sa parole au-dessus de son intérêt, de sa liberté et de sa vie. C'est pourquoi je fais vœu devant le Christ, et je jure devant toi, de ne jamais avoir d'autre épouse que Jeanne de Beaufremont, ma fiancée. »

En entendant ces paroles, dites avec calme et fermeté, Mahomet devient furieux. « J'ai pris Byzance, s'écrie-t-il, et je ne pourrai point m'emparer de cette âme!... Philippe, tu es un ingrat : tu me dois la vie, je t'offre la première dignité de mon empire, je te propose un royaume, je te donne ma sœur, et tu repousses tout avec dédain ! — Oui, je refuse tout, répond froidement le prisonnier, parce que je mets au-dessus de tout ma foi de chrétien et ma parole de chevalier. — Ah! tu refuses les faveurs du sultan, s'écrie Mahomet de plus en plus furieux, eh bien ! tu auras ses rigueurs !... »

Il appelle deux eunuques de son palais. « Dépouillez, leur dit-il, ce vil chrétien de ses vêtements, et fouettez-le jusqu'à ce qu'il ait renié son Dieu. » Les esclaves dépouillent Philippe ; ils ne lui laissent qu'une légère tunique qui couvre à peine ses genoux. Ils le garrottent et l'attachent à une colonne. Le captif se prête à tout sans résistance. Les bourreaux lui ont si fortement serré les mains que le sang a jailli. Armés de fouets, les eunuques frappent rudement. Mahomet et les renégats qui sont à ses côtés les excitent du regard et de la voix. Pas une larme ne tombe des yeux de Philippe, pas une plainte ne s'échappe de ses lèvres ; et cependant ses membres se tordent convulsivement sous les étreintes de la douleur. La blanche tunique du martyr est empourprée de son sang, et les eunuques continuent toujours de frapper. Quand leur rage redouble, il se contente de tourner les regards vers le ciel et de jeter ces cris : « Vive Jésus ! vive Notre-Dame ! »

Mahomet est vaincu. « Assez ! dit-il aux esclaves, laissez-le vivre pour d'autres supplices. Conduisez-le en prison. »

Épuisé par la douleur et la perte de son sang, Philippe se tient à peine debout : les bourreaux sont obligés de le soutenir pour qu'il puisse regagner son cachot. Le bon geôlier lui donne de l'eau fraîche pour étancher sa soif ; il lave ses plaies, et verse dessus l'huile et le vin.

Demeuré seul, le martyr tombe à genoux et remercie Dieu de l'avoir soutenu dans le combat. Puis il pense à sa mort prochaine et à sa vieille mère qu'il désespère de revoir. Lui qui n'a point pleuré sous les coups des bourreaux verse un torrent de larmes au souvenir de cette noble femme.

Philippe est pourvu d'une grande force d'âme, et cependant cette parole de Mahomet : « Laissez-le vivre pour d'autres supplices, ». le remplit de terreur : c'est qu'il connaît à la fois la cruauté de son ennemi et la faiblesse de l'homme abandonné à ses propres forces. Il a besoin de quelqu'un pour l'assister dans la lutte : aussi sa dévotion envers la Vierge, la reine des martyrs, se réveille plus vive que jamais.

Il se rappelle les paroles que sa mère ne cessait de lui répéter quand il était enfant. « Souviens-toi, lui disait-elle, que tu appartiens à Notre-Dame ; je t'ai voué à elle avant ta naissance. Son nom et celui de son fils sont les premières paroles que j'aie placées sur tes lèvres. Nous autres mères nous aimons vivement; mais notre tendresse n'est qu'une étincelle, si on la compare à l'amour immense que Dieu déposa au cœur de la Vierge-Mère. Nous autres femmes nous sommes impuissantes; mais elle, son pouvoir est infini : elle peut par ses prières tout ce que son fils peut par sa toute-puissance. Au ciel, usant de ses droits de mère, elle commande en quelque sorte à Jésus plutôt qu'elle ne prie. Invoque-la dans les jours d'épreuves. »

Il se souvient aussi d'un acte de piété chevaleresque qui l'impressionna fortement quand il était page à la cour de Philippe le Bon.

C'était en l'année 1443. Pierre de Beaufremont, comte de Charny, le père de Jeanne sa fiancée, fit publier dans les deux Bourgognes, dans les Flandres, la France, l'Allemagne et l'Italie, que pendant six semaines, avec douze autres gentilshommes ses amis [1], il tiendrait contre tout venant le pas d'armes en l'honneur de Dieu et de Notre-Dame.

Le tournoi eut lieu près de Dijon, à Marsannay-la-Côte, au champ de Charlemagne. Il commença le 11 juillet. Du haut de la tribune ducale, placée sous un chêne gigantesque, Philippe Pot fut témoin d'une des joutes les plus brillantes que mentionne l'histoire de la chevalerie. Les preux bourguignons se couvrirent de gloire; ils vainquirent à pied et à cheval les jouteurs des autres nations. Les princes et les nobles dames présents à cette fête leur décernèrent les grands prix.

Le jeune page fut aussi ému de la piété des vainqueurs qu'émerveillé de leur vaillance. Quand le tournoi fut achevé, le sire de Charny et ses douze compagnons, portant les marques de leurs victoires, se rendirent, avec leurs hérauts et leurs rois d'armes, en grande pompe à Notre-Dame de Dijon. Ils entendirent la messe en action de grâces à la chapelle de la Vierge-Noire, et suspendirent en

---

[1] Voici les noms des douze compagnons de Pierre de Baufremont : Guillaume de Beaufremont, baron de Sey et de Sombernon, son frère; le comte d'Albert, sieur de Valengin; Guillaume de Champdivers, Guillaume de Vaudrey, Antoine de Vaudrey, son frère; Amé Rabutin, Guillaume de Vienne, Thibaut de Rougemont, Jean de Rup, Jean de Créon, Jean de Chaumergis, premier écuyer du duc de Bourgogne; Jean de Saillans.

ex-voto leurs écus à la voûte de ce sanctuaire [1]. En ce jour Philippe avait compris que la dévotion s'allie admirablement avec la bravoure, et que la Vierge aime et protége les preux.

Ces souvenirs se présentent à son esprit avec tous les charmes de la patrie absente et l'éclat du soleil de ses premières années; ils passent devant lui comme d'encourageantes visions. C'est pourquoi, plein de confiance en Notre-Dame, il lui dit avec un abandon d'enfant :

« Sainte Vierge Marie, arrachez-moi des mains cruelles de Mahomet. Exaucez les prières et les larmes de ma vieille mère. Accordez-moi de la revoir : elle mourra de douleur si je ne retourne bientôt près d'elle. Souvenez-vous de Pierre de Beaufremont, votre vaillant serviteur; rendez-moi à sa tendresse et à celle de sa fille, ma fiancée. Je suis indigne d'être exaucé; mais manifestez en ma personne votre puissance. Si vous me tirez de cette rigoureuse prison, je fais vœu de me rendre, pieds nus, du château de la Roche-Pot à votre autel de Notre-Dame de Dijon; de vous offrir un beau cierge de cire blanche; et de suspendre, sous les écus du

---

[1] Olivier de la Marche, liv. Ier, p. 207. — *Histoire de Notre-Dame de Bon-Espoir,* par Joseph Gaudrillet, pp. 50-54; 1733.

L'esprit religieux qui animait cette vaillante chevalerie ne saurait être contesté; nous ignorons d'ailleurs quelles étaient les conditions de ce pas d'armes tenu en l'honneur de Dieu et de Notre-Dame. Cependant nous jugeons à propos de faire remarquer que les tournois, à cause des dangers où l'on y exposait sa vie, ont été condamnés par un concile de Reims (1131), par les deuxième et troisième conciles généraux de Latran, par les papes Eugène III et Nicolas III.

(*Note des Éditeurs.*)

sire de Beaufremont et de ses frères d'armes, un tableau qui rappellera aux générations futures combien fut miraculeuse votre protection sur moi. Mais je me soumets en tout à la volonté de votre fils : s'il veut que je sois martyr, faites que je meure digne de lui. Notre-Dame, montrez ce que vaut votre assistance. »

Ayant achevé cette prière, il étendit sur sa couche ses membres endoloris, et tomba dans un profond sommeil.

CHAPITRE III

Le Combat.

Le lendemain, Philippe s'éveille le cœur content : ses plaies ont cessé d'être cuisantes, et son âme est pleine de sérénité. Pendant son sommeil, il a cru voir la Vierge. Elle lui souriait comme une mère le fait à son enfant; et, jetant une peau de lion sur ses épaules, elle lui disait : « Courage, mon fils. »

Il cherche à expliquer cette mystérieuse vision. « Que signifie ce mot : Courage? murmure-t-il; est-ce l'annonce du ciel, ou l'avertissement d'un prochain retour dans la patrie?... Pourquoi cette dépouille de lion? N'est-ce pas le symbole de la force qui me sera donnée pour supporter le martyre?...»

Il ne peut pénétrer ce songe. « N'importe, s'écrie-t-il, Notre-Dame m'aime, et elle sait ce qu'il y a de préférable pour moi. Je me remets entre ses mains, avec la confiance d'un enfant qui s'endort sur le sein de sa mère. »

Quelques jours après, le captif reçoit une visite inattendue. C'est Azaïl, suivie d'une esclave. La sultane a le visage couvert d'un long voile, selon la coutume orientale : elle s'entretient avec le prisonnier.

« Étranger, dit-elle, pardonne-moi si je trouble la paix de ton cachot. Je le fais pour obéir à mon frère, dont la volonté est tyrannique pour ceux qui l'entourent. — Sois la bienvenue. — Je ne cherche point, ainsi que le voudrait le sultan, à séduire ton cœur. — Il te serait plus facile d'amollir un diamant. — Garde ta foi : ton Dieu est mort pour ton âme, il est juste que tu souffres pour lui. Garde aussi, en homme d'honneur, la promesse faite à ta fiancée. J'ai en si haute estime ta constance et ta fidélité, que je suis venue t'indiquer le moyen de regagner ta patrie et de recevoir la main de Jeanne de Beaufremont. — Belle sultane, je te remercie : que Dieu récompense ta générosité. Quel moyen me proposes-tu? — Simule de m'épouser. Tu me respecteras comme ta sœur; et, dans quelques jours, t'élançant sur le premier navire qui voguera vers la France ou l'Italie, tu échapperas à la mort qui t'attend, si tu continues à être rebelle aux caprices de Mahomet. — Femme, la noblesse de ton cœur surpasse ta beauté. Mais je ne puis consentir à racheter ma vie à ce prix. Si je te délaissais, après avoir fait semblant de t'accepter comme épouse, quelle estime ton frère aurait-il de la parole d'un Franc et de l'honneur d'un chevalier? — Si cela te retient, je déclarerai que moi-même je t'ai suggéré ce moyen d'évasion. — Mais alors tu ferais retomber sur ta tête l'orage que tu aurais détourné de la mienne. — J'affronterai volontiers les fureurs du sultan pour sauver un preux tel que toi. — Princesse, je suis assez fort pour mourir plutôt que de t'exposer à la haine de Mahomet et à la honte que t'infligerait, devant les hommes, l'abandon de ton faux époux. — Je serai heureuse de subir tout cela pour sauver tes jours, et assurer ton bonheur et celui de ta fiancée. — Je te le répète, je ne puis accepter un mode d'évasion qui me déshonorerait tout à la fois comme chrétien, comme Franc et comme chevalier. — Philippe, puisque tu t'obstines à mourir, pardonne à Azaïl ton trépas. Allah en est témoin, mes mains sont pures du sang qui sera versé. — Va, noble sultane, ton âme est plus grande que l'empire de ton frère. Je ne puis te donner mon cœur : il ne m'appartient plus; mais tu emportes mon estime et ma gratitude. »

Azaïl s'éloigne en essuyant une larme.

Les jours de la captivité de Philippe furent longs : pour les abréger il cultiva la poésie. Il célébrait dans ses vers la Vierge, la patrie absente et l'héroïque trépas de ses frères d'armes. Après avoir composé ses cantiques et ses ballades, il les redisait aux vagues de la mer et aux nuages du ciel. Sa voix était si harmonieuse et si vibrante, et il y avait tant d'âme dans ses chants, que Mahomet, se promenant dans ses jardins, s'arrêtait pour les entendre.

Un jour, le sultan crut comprendre que son captif était las de souffrir, tant sa voix était suppliante et pleine de larmes.

Philippe chantait ce cantique à la Vierge :

> Mère de Dieu très-glorieuse,
> Belle, plaisante et secoureuse :
> Diamant qui jamais fut sur terre,
> Très-humblement je viens requerre
> Ta sauvegarde précieuse.
>
> Tu m'as préservé jusqu'ici
> L'honneur, la vie, la santé ;
> Sous l'espoir de ta grand'merci,
> Je me rends à ta volonté.
>
> Sauve-moi, Dame glorieuse,
> De la prison tant rigoureuse
> Où l'on ne voit que cruauté ;
> Garde-moi d'y être bouté,
> Car à chacun tu es pitieuse,
>   Mère de Dieu [1].

Mahomet fait venir devant lui le prisonnier. « C'est une bonne école que le malheur, dit-il ; elle t'a sans doute rendu sage, et maintenant j'espère que tu es disposé à recevoir la main d'Azaïl et à devenir le chef de mes janissaires. — Prince, tu le sais, je ne puis transgresser mon serment et mon vœu, et moins encore accepter une dignité qui ré-

---

[1] *Histoire de Notre-Dame de Bon-Espoir*, p. 61.

pugne à ma foi. Veux-tu être envers moi véritablement grand? Rends-moi la liberté. »

Le sultan dissimule sa fureur, et décrète, sous de faux airs de générosité, la mort du captif. « Eh bien, s'écrie-t-il, puisque tu refuses de me servir, je te rends la liberté, si tu parviens à vaincre l'ennemi que je t'opposerai. — Je te remercie! répond Philippe dans un transport de joie. — Ne te réjouis point trop vite : vingt chevaliers sont déjà morts sous les étreintes de cet ennemi. Vois si tu consens à jouter avec un pareil adversaire. — Se serait Satan lui-même que, fort de l'aide de Dieu et de Notre-Dame, j'entrerais en lice. — Prépare-toi; la lutte aura lieu ce soir, au coucher du soleil. — Je te remercie encore une fois de ta générosité. » Mahomet, en s'éloignant, dit tout bas : « Cette générosité sera ta mort. »

Le captif rentre joyeux dans sa prison : il est plein d'espoir dans le secours de Notre-Dame. Sur le soir, on lui sert son repas : il est plus copieux que de coutume : dans la pensée de son ennemi, c'est le repas de la mort. Philippe boit et mange avec sa sobriété ordinaire.

Un instant après, un janissaire apporte l'arme et le vêtement qui doivent servir au combat. L'arme est un faible cimeterre. « Où est ma bonne épée? » dit le preux en brandissant cette arme légère. Son unique vêtement sera une tunique courte et sans manches, comme celle des anciens gladiateurs; elle est blanche comme neige, afin que chaque goutte de sang y brille comme un rubis. Le chevalier s'écrie en la mettant : « C'est là une bien pauvre armure; mais n'importe, avec l'assistance de la Vierge, je vaincrai, tant elle vaut! »

Le jouteur sort de son cachot. Il remercie son geôlier : celui-ci pleure en le voyant s'éloigner. Philippe est conduit à l'amphithéâtre.

Ce monument est un vieux reste du paganisme de Julien. Il est de forme circulaire : il se compose d'une arène, que dominent les spectateurs : c'est là que se tenaient les combats de bêtes et de gladiateurs. Mahomet a fait revivre ces jeux barbares, et en plusieurs endroits le sable est encore rouge du sang des dernières victimes. Au-dessus de l'arène s'élèvent trois rangs de gradins qui servent de siéges aux spectateurs. Sur le premier se trouve la tribune impériale.

Le jeune chrétien est seul au milieu de l'arène : il se tient debout, immobile, les mains appuyées sur son cimeterre; il jette de temps en temps un regard vers le ciel : il se recommande à Dieu et invoque Notre-Dame. Sa pose est si noble, sa figure est si expressive, les contours de ses membres sont si bien accentués, que l'on croirait voir un chef-d'œuvre de l'art grec, le marbre vivant d'un athlète antique.

Les gradins sont encombrés d'une foule qui cause, qui rit, comme si la vie de l'homme qui est devant elle n'était pas en jeu. Là on distingue un grand nombre de janissaires et d'autres soldats turcs : ils sont contents d'assister au trépas de celui qui fut leur plus redoutable ennemi. Les renégats sont plus haineux que les autres; ils souhaitent tout haut que la fin de ce martyr, dont la foi et la vertu les condamnent, soit des plus douloureuses. Là se trouvent beaucoup de Grecs qui, oubliant ce que Philippe a fait pour Constantinople, sont venus avec curiosité voir mourir un azymite. Parmi ces gens, il y a des joueurs qui jettent avec cynisme le sort sur cette jeune tête : beaucoup parient pour la mort, peu spéculent sur la victoire. A peine y a-t-il dans cette foule quelques âmes, moins cruelles que les autres, qui, déplorant le malheur du jeune et brave chevalier, fassent des vœux pour lui.

Le soleil descend à l'horizon; il se couche dans les flots du Bosphore. Il étend ses rayons sur la mer, qui semble rouler des vagues d'or. Des gerbes lumineuses colorent de pourpre les hauteurs du ciel. Les collines charmantes qui bordent le golfe prennent, aux reflets du soleil couchant, une incomparable beauté. Le paganisme grec, il faut l'avouer, en plaçant son amphithéâtre sur une scène aussi grandiose, avait, même dans ses jeux, le génie du beau.

Philippe contemple l'astre embrasé qui semble s'éteindre lentement dans les flots. « Qu'il regarde bien le soleil, disent quelques spectateurs, il le voit pour la dernière fois. » L'astre a entièrement disparu; l'heure du combat est arrivée.

Le chevalier attend son adversaire. Rien ne paraît dans l'arène. Il pense qu'il va jouter avec quelque géant, ayant la stature de Goliath et la force d'Hercule.

Les spectateurs sont aussi dans l'attente : Mahomet tarde à venir; on dirait que le sultan veut prolonger la vie de sa victime. Tout à coup retentissent des clairons; ils sonnent la marche des janissaires. Le cortége impérial sort du palais. Mahomet entre dans l'amphithéâtre. La foule se lève et se prosterne devant lui. Philippe salue avec une noble fierté. Le sultan, entouré de ses vizirs et de ses pachas, s'assied sur son trône.

« Introduisez dans l'arène, s'écrie-t-il, l'adversaire du gladiateur. »

Aussitôt, dans la muraille qui soutient le premier gradin, sous la tribune impériale, une porte de bronze se lève en grinçant dans des rainures de fer. Un lion furieux et frémissant s'échappe de son repaire. Il a la tête large et imposante, le regard assuré, la démarche fière; il est tout nerfs et tout muscles; sa taille est bien prise et bien proportionnée; son corps est le type de la force et de l'agilité. Ce vieux lion est le héros de plus de cent combats.

Il s'arrête et regarde son adversaire : il semble étudier la force du jouteur qui est devant lui. Philippe a une attitude ferme; il semble dire : « Viens, je t'attends ! »

L'animal fait deux fois le tour de l'arène. Le chevalier le suit du regard; ses yeux sont fixés dans les siens. Le lion se couche à la porte de son repaire.

« Aujourd'hui, s'écrie Mahomet, le vieux lutteur tarde bien à commencer l'attaque : il n'a cependant pas mangé depuis deux jours. Est-ce la peur ou la générosité qui l'arrête? Janissaires, pour l'exciter, sonnez de vos clairons. »

Ces sons belliqueux agacent les nerfs du lion et enflamment sa fureur. De sa queue il se bat les flancs, il en bat la terre; il hérisse sa crinière; il agite la peau de sa face et remue ses gros sourcils, ce qui lui donne encore un air plus féroce; de sourds grondements s'échappent de sa gorge; il tire sa langue sanglante et rugueuse, et montre ses dents menaçantes.

De son côté, Philippe cherche l'endroit vulnérable du monstre. « Je ne puis, dit-il en lui-même, lui fendre le crâne : il me faudrait une hache d'armes, et je n'ai qu'un faible cimeterre. Je ne puis lui trancher la tête; sa longue et épaisse crinière lui sert de cuirasse et de bouclier. J'ai trouvé le point vulnérable, ajoute-t-il tout bas, en voyant l'animal allonger ses jambes nerveuses et déchirer le sol avec ses griffes.

La fanfare d'attaque est plus vive. Le lion écume; ses yeux flamboient; il se dresse; il se couche, pour se dresser encore; il pousse d'affreux rugissements. Un solennel silence plane sur l'assemblée; un frisson d'effroi passe sur les spectateurs. Seul, le chevalier est calme : il se rappelle la vision de Notre-Dame.

Enfin l'animal se lève brusquement; il se replie sur lui-même de toute sa force, il pousse un cri plus terrible que le rugissement, et il se détend comme un ressort d'acier. Il fait deux bonds; au moment où ses pattes retombent pour faire le troisième, le cimeterre du preux brille et frappe comme l'éclair; il atteint les deux pieds de devant, qui restent tranchés sur l'arène.

Le lion, désarmé et furieux de douleur, se roule sur lui-même en soulevant un nuage de sable et de poussière. Il lèche ses plaies. D'un second coup de cimeterre le chevalier lui tranche la langue et la jette au pied du trône du sultan. L'animal ouvre une gueule effrayante : elle semble vomir des flammes, tant elle exhale de fureur. Philippe y plonge son glaive jusqu'à la garde; il le tourne et le retourne dans la gorge et le cœur du lion, qui jette un long râlement et tombe foudroyé.

Le chevalier élève son cimeterre fumant et jette vers le ciel ce cri de triomphe : « Gloire à Notre-Dame! tant elle vaut!... »

Mahomet, qui n'apprécie d'autre qualité que la bravoure, est saisi d'admiration à la vue de tant de sang-froid et de valeur. « Honneur, s'écrie-t-il, au plus vaillant des chrétiens! » Les janissaires et la foule redisent cette acclamation; un immense applaudissement ébranle l'amphithéâtre et se prolonge au loin, répété par les échos de la ville et les rives du Bosphore.

Philippe, aussi pieux et modeste qu'il est vaillant, répond : « Gloire à la Vierge! tant elle vaut! »

Le sultan descend dans l'arène : il embrasse et félicite le vainqueur. Il détache le baudrier enrichi de pierreries qui soutient son magnifique cimeterre, et le suspend au cou du chevalier de Notre-Dame, en s'écriant : « Maintenant tu es libre ; va revoir ta Bourgogne, ta vieille mère et ta fiancée[1]. »

CHAPITRE IV

Les Épousailles.

Le lendemain Philippe, emportant la peau du lion comme un trophée, s'embarqua sur une galère ottomane, qui le conduisit à Rhodes. Les chevaliers de Saint-Jean de Jérusalem, qui occupaient cette île, le reçurent avec distinction.

Un de leurs navires le porta sur la plage française. Généreux jusqu'à la fin, les hôtes du vaillant chevalier voulurent lui donner une armure et une cavale pour regagner le château de la Roche-Pot. Par esprit de pénitence et de religion, Philippe préféra faire ce voyage en pèlerin.

Il traversa la France, vêtu de la robe des pauvres et mendiant pour se nourrir ; le soir il couchait sous le porche des églises. Il visita les sanctuaires les plus célèbres qui se trouvaient sur sa route ; il monta pieds nus aux chapelles de Notre-Dame de la Garde et de Fourvières ; il y entendit dévotement la messe, et y communia en l'honneur de la Vierge.

[1] *Histoire de Notre-Dame de Bon-Espoir*, pp. 59 et 60.

Depuis quelques mois la tristesse et le deuil étaient venus visiter les châteaux de la Roche-Pot et de Charny : le duc avait fait part à René Pot et à Pierre de Beaufremont de la lettre de Mahomet. Elle était ainsi conçue :

« Le plus puissant des musulmans au grand duc d'Occident.

« Je te félicite : tu as l'honneur de commander aux plus vaillants des Francs. Tes chevaliers sont morts en héros sur les remparts de Constantinople. Si tous les soldats de Paléologue se fussent battus comme Philippe Pot et ses preux, Byzance eût été mon tombeau et celui de mon armée. »

L'héroïsme de cette fin en rendit la nouvelle moins douloureuse aux sires de la Roche et de Charny ; mais rien ne put consoler la mère de Philippe et sa fiancée.

« Le coup qui a frappé mon fils m'a mortellement atteinte ! s'écria la baronne ; toutes mes espérances sont brisées. Il n'y a plus maintenant pour moi d'autre joie que de rejoindre bientôt mon bien-aimé !...

Jeanne, dans l'espoir de ses prochaines épousailles, avait préparé une robe blanche et un voile de dentelle. Elle les serra, en disant : « Vous deviez me parer au jour de mes noces ; vous ne me servirez plus que de linceul. Désormais je ne puis avoir nul amour terrestre après celui de Philippe ;

car nul ici-bas n'était comparable à mon fiancé. »

Il y a un moment dans l'année qui convient plus particulièrement au souvenir des trépassés : c'est le commencement de novembre, quand les oiseaux émigrent, les jours baissent, les feuilles tombent, et le ciel se couvre de nuages grisâtres, précurseurs des frimas. Aussi le catholicisme, qui a le secret des grandes harmonies, a choisi ce temps pour célébrer le jour des morts.

Le lendemain de la fête des trépassés, la chapelle du château de la Roche-Pot fut tendue de draperies noires, semées de larmes d'argent; un catafalque décoré de palmes et d'écussons s'éleva dans la nef, et des prêtres célébrèrent un service funèbre pour le repos de l'âme de Philippe.

L'assistance était nombreuse : outre les familles Pot et de Beaufremont, réunies dans une commune douleur; outre le duc et la duchesse, venus, avec leurs principaux officiers, prier pour leur noble filleul, on distinguait là les plus puissants seigneurs et les plus grandes dames de Bourgogne. La foule des vassaux refluait au delà du parvis de la chapelle. Tous pleuraient et regrettaient amèrement le jeune et vaillant chevalier.

Dans le moment où la foule s'écoulait du temple, et où les cloches, achevant un dernier glas, envoyaient vers le ciel des sons tristes comme des sanglots, un pèlerin gravissait le village. Il avait une longue barbe et une chevelure inculte; sa chaussure était usée par un pénible voyage ; sa robe de bure était déchirée ; une peau de lion recouvrait ses épaules.

Il tressaillit en entendant la lugubre sonnerie. « Pourquoi ce glas ? dit-il aux paysans qui regagnaient leurs chaumières.

— Ah ! lui répondirent-ils, c'est qu'il y a grand deuil au château.

— Il y a donc quelque mort ?

— Hélas ! oui.

— Est-ce le baron ou sa dame ?

— La perte est peut-être plus grande encore !

— Qui est-ce donc ?

— C'est Philippe, leur vaillant fils ! dirent les paysans avec des sanglots dans la voix et des larmes dans les yeux. Quel dommage ! il était si jeune, si valeureux, et il aimait tant le pauvre peuple. Quel malheur pour ses vieux parents ! sa mère mourra de chagrin. Quel malheur pour nous, dont il était l'appui et l'espérance ! Que Dieu ait l'âme de notre preux et jeune seigneur !... »

Le pèlerin se dirigea vers le château.

Le pont-levis étant abaissé, il pénétra dans la cour comme s'il fût entré dans sa propre demeure. Les lévriers accoururent furieux, et l'aboyèrent vivement à cause de l'étrangeté de son costume. Parvenu à la porte de l'hôtel seigneurial, il pria les varlets de le conduire près du sire et de la dame du logis. En ce moment, ces gens étaient très-affairés, ils servaient le repas funèbre ; aussi, sans daigner répondre, ils fermèrent la porte du manoir.

Le voyageur se retira dans la chapelle; il pria longtemps prosterné dans le sancluaire.

Il revint à l'huis du château et supplia une vieille servante de le laisser, pour l'amour de Dieu, arriver jusqu'à la dame de la Roche-Pot. Cette femme lui donna un morceau de pain, disant que la baronne était en trop noble et trop nombreuse compagnie, et qu'il était impossible de la voir.

Il alla s'asseoir sous le porche de la chapelle, et mangea le pain de l'aumône.

Le repas touchait à sa fin, les serviteurs paraissaient moins pressés; le voyageur revint une troisième fois au seuil du manoir. Il rencontra le vieil intendant; il le conjura de l'introduire près de ses maîtres, disant qu'il avait des choses importantes à leur communiquer. « Ah! je connais les pauvres, répondit cet homme, ils sont ingénieux pour aborder les grands et extorquer leurs aumônes.

— J'ai, reprit le pèlerin, à parler au baron et à la baronne de leur fils.

— Va, dit le vieux serviteur en repoussant le mendiant, leur fils est mort!...

— En es-tu bien sûr? » repartit le voyageur en laissant tomber un regard sévère sur l'intendant.

A ce ton et à ce coup d'œil de maître, celui-ci reconnut le pèlerin. Tombant à genoux, il baisa sa main en pleurant, et s'écria : « Pardon, Monseigneur, c'est vous!... » Philippe, le relevant, l'embrassa.

Il s'avança vers la salle du festin, et ouvrit la porte; il fut si profondément saisi qu'il demeura sur le seuil, immobile et sans voix. « Mon fils! mon fils! » cria la baronne, en défaillant entre les bras de son époux. « C'est Philippe!... c'est Philippe!... » dit la fiancée en se jetant au cou de son père. La salle offrit, à cet instant, une scène pleine de surprise, d'attendrissement, d'agitation, d'embrassements, de larmes et de cris de joie.

Après ce premier moment de vives émotions, Philippe s'assit entre sa mère et sa fiancée, et raconta l'histoire que nous venons de redire. Il parla beaucoup de ses frères d'armes, de Constantin, de Justiniani et très-peu de lui. Il exalta surtout la puissance de Marie, qui avait terrassé le lion par sa main et brisé ses fers.

En achevant son récit il invita la noble assemblée à se rendre, le jour de la fête de saint Martin, à Dijon, pour l'accompagner à l'autel de Notre-Dame de Bon-Espoir, où il irait, pieds nus, accomplir le vœu qu'il avait fait à la Vierge, en action de grâces de sa délivrance.

« Philippe, s'écria le sire de Beaufremont, nous célèbrerons aussi dans ce jour vos épousailles.

— Volontiers, Monseigneur, répondit le chevalier, si tel est le bon plaisir de ma mère et de ma fiancée. »

Ces femmes, rayonnantes de bonheur, s'inclinèrent en signe d'assentiment.

Le 11 novembre 1453, par une de ces belles journées d'automne que nos pères appelaient l'*été de saint Martin*, il y eut grand émoi dans la bonne ville de Dijon. Le peuple encombrait les rues qui conduisent du palais ducal à l'église Notre-Dame. Les gardes avaient peine à contenir, avec leurs hallebardes, la foule qui se pressait aux abords du château. Après une longue attente, des voix parties de fenêtres pleines de curieux crièrent : « Les voici !... les voici !... »

Un brillant cortége sort du palais. En tête, s'avance Philippe le Bon ; il a au front la couronne de Bourgogne ; le collier de la Toison d'or est sur sa poitrine, et le manteau de pourpre doublé d'hermine flotte à ses épaules. Le duc conduit par le bras une jeune fille vêtue de blanc ; son long voile de dentelle est retenu par une couronne dont les pierreries forment des fleurs. La modestie et la virginale beauté de cette épousée frappent encore plus que la richesse de sa parure, et son passage soulève un long murmure d'admiration. Après ce couple, vient un jeune chevalier couvert d'une étincelante armure ; il a sur les épaules une peau de lion, rattachée par des griffes d'or. A côté de lui sont deux hérauts d'armes ; l'un tient un riche baudrier avec son cimeterre, et l'autre un tableau voilé qui doit servir d'*ex-voto*. C'est Philippe Pot ; ses pieds nus sont ensanglantés par le long chemin qu'il vient de faire ; d'une main il porte un cierge de cire blanche, et de l'autre il soutient le bras de la duchesse de Bourgogne, en grand costume. Elle a une robe de drap d'or, et les diamants de sa couronne suffiraient à payer un royaume. A leur suite marchent les sires et les dames de la Roche-Pot et de Beaufremont; les chevaliers de la Toison d'or, revêtus de leurs brillants insignes; les hauts dignitaires de la maison ducale, et l'élite de la noblesse bourguignonne.

Le peuple acclame ce cortége nuptial; des fleurs sont semées sur son passage, et, du haut des fenêtres et des balcons, les femmes de la bourgeoisie agitent leurs mouchoirs en signe de joie.

L'église Notre-Dame de Dijon est un charmant joyau de l'architecture ogivale; elle mériterait d'avoir un écrin pour la conserver. En ce jour, sous les rayons d'un beau soleil d'automne, elle apparaît dans toute sa grâce et sa légèreté. Son élégant portail, ses colonnes si sveltes et si déliées, ses galeries découpées à jour comme de la dentelle, ont un air de fête et respirent l'allégresse. Messire Jaquemart et sa compagne, drapés dans leur robe de bronze et debout sur la tour de l'horloge, semblent eux-mêmes tout fiers d'avoir à sonner l'heure d'un pareil mariage.

Le cortége nuptial traverse le parvis et entre dans l'église, où l'accueillent les mélodies de l'orgue. Ces sons ont tant de pureté et de douceur que l'on croirait entendre des voix célestes. Le temple a sa grande parure de fête; ses murailles sont tendues de magnifiques tapisseries d'Arras. Ainsi l'a ordonné le duc Philippe. « Je veux, a-t-il dit, que les noces de mon cher et vaillant filleul, qui a si noblement représenté la Bourgogne au siége de Constantinople, soient splendides comme le seraient celles de mon fils Charles[1]. »

La chapelle de Notre-Dame de Bon-Espoir se fait particulièrement remarquer par la richesse et le goût parfait de sa décoration. C'est là que s'arrête le brillant cortége.

Philippe Pot allume son flambeau de cire blanche et le place sur l'autel. Il découvre le tableau voilé que porte son héraut d'armes, et le suspend en *ex-voto* en face de la Vierge-Noire, sous les écus du sire de Beaufremont et de ses frères d'armes.

Ce tableau représente Notre-Dame de Bon-Espoir entourée d'anges. Philippe est agenouillé à ses pieds; ses yeux sont tournés vers la Madone, et ces mots s'échappent de sa bouche : « Honneur à Notre-Dame, tant L vaut! » La main du preux tient un cimeterre plongé au cœur d'un lion; un trait de lumière, parti de la droite de la Vierge, tombe sur celle du chevalier, indiquant que Philippe a vaincu par la protection de Marie. Pour qu'on ne puisse s'y méprendre, au-dessous de ce tableau on lit cette inscription :

> Tant L vaut et a valu
> A celui qui a recouru
> A Celle pour qui dit ce mot
> Le suppliant Philippe Pot,
> Qui de tout mal l'a secouru,
> TANT L VAUT [2].

---

[1] Qui fut plus tard Charles le Téméraire.

[2] Ce tableau, portant cette inscription et le cantique que nous avons déjà cité, se voyait encore à Notre-Dame de Dijon au commencement du siècle dernier. Il passa, vers l'an 1710, de la chapelle de la Vierge-

Philippe chante à la Vierge, en actions de grâces, le cantique qu'il aimait à redire dans les fers, et qui fut le prélude de son combat avec le lion. Et, pour ne jamais oublier ce qu'il doit à Notre-Dame, il fait de ces mots TANT L VAUT! la devise de son blason[1].

Après avoir accompli son vœu, le preux chausse ses éperons. Le duc de Bourgogne s'approche, l'embrasse et lui donne le manteau et le collier de la Toison d'or.

La duchesse et la dame de Beaufremont amènent à Philippe sa fiancée. Jeanne, les joues rouges de pudeur, place sa chaste main dans la vaillante main du héros, et tous deux se jurent loyal et éternel amour. Le prêtre les bénit. Il célèbre pour eux les divins mystères, et, à la communion, il leur partage la même hostie, pour leur rappeler la sainte et indissoluble affection qui doit unir leurs cœurs.

Le cortége s'éloigne de l'autel et reparaît sous le porche de Notre-Dame, où il est reçu par les ménestrels du duc, qui le reconduisent au palais en jouant leurs plus beaux airs. Le bon peuple, les marchands et les bourgeois remplissent les rues; ils souhaitent d'heureux jours aux époux, et ils ne cessent de redire ces cris : « Noël! noël! Honneur au chevalier de Notre-Dame! »

Noire aux mains des descendants de Philippe Pot, qui eurent à cœur de posséder un de leurs plus glorieux titres de famille. (*Histoire de Notre-Dame de Bon-Espoir*, p. 60.)

[1] Philippe Pot fit tracer en lettres d'or cette devise dans les chambres, sur les cheminées et les vitraux de tous les châteaux qu'il occupa; on peut la lire encore dans les salles du vieux castel de Châteauneuf qu'il a fait bâtir.

Le festin des noces fut splendide : il fut en tout digne de la magnificence du grand duc d'Occident et du seigneur des meilleurs vins de toute la chrétienté.

Il y a dans la vie des jours mauvais : dans nos malheurs et nos combats recourons à la Vierge, avec la confiance de Philippe Pot; et nous aussi, après avoir éprouvé la puissance de son secours, nous pourrons dire :

TANT L VAUT!

FIN DE PHILIPPE POT

PETITES LÉGENDES

LE PUITS ET L'AUTEL DE SAINT-MARTIN

LE CREUX DU DIABLE

L'ABBAYE DE SAINTE-MARGUERITE

> Colligite quæ superaverunt fragmenta,
> ne pereant   JOAN. VI, 13.
>
> Recueillez les débris qui sont restés,
> afin que rien ne se perde.

— 1

LE PUITS ET L'AUTEL DE SAINT-MARTIN

> Benedicite, montes et colles, Domino :
> laudate et superexaltate eum in sæcula.
> Dan. iii, 75.
> Montagnes et collines, bénissez le Seigneur ; louez et exaltez sa puissance dans tous les siècles.

La Bourgogne n'a ni la mer, ni les hautes montagnes qui donnent aux paysages un caractère sublime et grandiose; mais elle abonde en sites pittoresques et charmants.

Tout le monde connaît la chaîne de coteaux qui s'étend de Dijon à Châlon : sa richesse lui a mérité le nom de Côte-d'Or. C'est le diadème de la Bourgogne, la reine des grands vins. Gevrey, Vougeot, Vosne, Nuits, Aloxe, Savigny, Beaune, Pommard, Volnay, Meursault, Puligny et Chassagne sont les diamants de cette royale couronne.

Le voyageur, en passant sous ces coteaux, ne se lasse point de regarder leurs sommets bleuâtres, leurs vertes collines, et l'amphithéâtre immense qu'ils décrivent au-dessus de l'une des plus belles plaines du monde. Il admire la merveilleuse exposition qui leur procure tour à tour les teintes pourprées du matin, les feux du midi et les rayons du soleil couchant, et involontairement il s'écrie :

> Qu'ils font plaisir à voir ces fameux champs de vignes!
> Du salut des passants ne sont-ils pas plus dignes
> Que ceux qui, labourés, hélas! par le canon,
> A quelque grand carnage ont dû leur grand renom?
> . . . .
> Sur ces charmants coteaux, qu'en naissant le soleil
> Caresse obliquement de son rayon vermeil,
> . . . .
> De sucs plus délicats la vigne se nourrit,
> Et dans un air plus pur le raisin y mûrit.
> Son jus tire de là cette saveur choisie,
> Qui n'est à comparer qu'au goût de l'ambroisie [1].

Cette chaîne est entrecoupée de gorges qui recèlent des sites ravissants : ce sont les vallons de Fixin, de Gevrey, de la Serrée, de Savigny, d'Auxey, de Saint-Aubin et de Santenay; plus en arrière, c'est Bouilland avec ses roches; c'est

> Clavoillon, nid caché sous la verte feuillée,
> Corbeille de verdure au printemps émaillée [2];

c'est Mallivy avec ses souvenirs druidiques.

Ce village, environné de bois, est assis sur un monticule au pied du Single, l'une des cimes élevées de la Bourgogne. Ce site, qui rappelle celui de

---

[1] *Côte-d'Or*, pièce de vers par M. Simon Ganthey.
[2] *Le Collier de Perles*, par M. Joseph Petasse, p. 23.

Delphes, était occupé autrefois par un temple célèbre du paganisme. Mavilly domine le val de Nantoux, qui s'ouvre par une brèche naturelle faite dans une montagne, et appelée le *Saut de Saint-Martin*. En ce lieu, le mont brisé élève ses rocs abrupts vers le ciel, et forme un abîme au fond duquel mugit un torrent.

C'est là que se dresse le *Puits de Saint-Martin*.

C'est un rocher dont une partie, détachée légèrement du bloc principal, ressemble à une tourelle. Il offre à son sommet, à côté d'un autel druidique, les fortes empreintes d'un fouet et les pas d'une cavale : on dirait qu'un géant aurait passé par là en faisant bondir sa monture. L'une des empreintes, plus profonde que les autres, est toujours pleine d'eau, même en été : c'est ce qui a valu à ce rocher le nom de *Puits;* une légende nous dira pourquoi il s'appelle *de Saint-Martin*.

En s'enfonçant dans les montagnes, du côté de Nolay, on rencontre des paysages peut-être encore plus gracieux et plus sauvages : c'est Saint-Romain avec son cirque de granit; c'est Orches, au site alpestre; c'est le val de Vauchignon, si pittoresque, que la Suisse pourrait l'envier à la Bourgogne[1].

Cette vallée montre dans toute sa longueur les traces de grandes révolutions géologiques; à chaque

---

[1] Un touriste célèbre disait de Vauchignon, après avoir visité la Suisse et l'Italie : « Aucune vue, aucun site, si varié, si pittoresque, si grandiose qu'il fût, n'a pu me faire oublier mon petit vallon de Bourgogne, si tranquille, si solitaire, si inconnu... (*Impressions de Voyage*, par Alex. Dumas.)

pas elle change d'aspect. Le ruisseau qui la parcourt écume à travers des rocs : sorti d'une caverne, il se cache et se montre tour à tour sous l'épaisseur du feuillage. Ce val se termine brusquement par une haute ceinture de rochers qui ne laisse point d'issue : là, comme disent naïvement les gens du pays, on se trouve au *bout du monde*.

Ces roches, tapissées de mousse, de plantes grimpantes et couronnées de grands arbres, sont fort belles; leurs capricieux dessins forment un autel gigantesque : c'est l'*Autel de Saint-Martin*.

Du sommet de ces rocs, à près de cent pieds, jaillit une cascade : en hiver, elle forme des colonnades de cristal, légères et brillantes comme celles des palais de fées; en été, elle tombe comme une pluie de perles et de diamants; dans les grandes eaux, elle gronde comme le tonnerre et se déroule comme un arc-en-ciel.

Le génie bourguignon a peuplé ces lieux de légendes. Nous raconterons seulement celle du *Puits* et de l'*Autel de Saint-Martin*.

Au IIe siècle de l'ère chrétienne, saint Bénigne et ses compagnons, venus d'Asie, apportèrent l'Évangile dans la Bourgogne; la bonne nouvelle se répandit rapidement dans les villes, mais elle gagna lentement les bourgades et les hameaux. Le culte des idoles, chassé des cités, se réfugia au fond des collines sauvages.

Mavilly, qui depuis des siècles avait un collége de

druides [1], conserva ses dieux, ses prêtres et son temple.

Vauchignon, qui, par ses collines, ses rochers, sa forêt pleine de sourds murmures et de mystérieuses terreurs, était un de ces sanctuaires naturels qu'aimaient les Gaulois, continua d'être fréquenté.

Ce ne fut qu'au IV° siècle que saint Martin, évêque de Tours et grand thaumaturge, fit disparaître des Gaules les derniers vestiges du paganisme. Il visita la Bourgogne en l'an 376 [2].

C'est par une chaude journée d'automne : le saint missionnaire, assis sur une cavale, a parcouru les villages de la Côte; il gravit la rude montagne qui sépare Mavilly de la plaine. Au milieu du grand bois, à une croisée de chemins, il rencontre un petit homme roux, à la prunelle ardente, au visage soucieux, dont les vêtements sont en lambeaux.

L'évêque lui offre l'aumône. « Garde ta pièce d'argent, répond l'étranger, je suis plus riche que toi. » Saint Martin, le prenant pour un pâtre du voisinage, lui demande le chemin de Mavilly. « Je sais quel est ton dessein, reprend l'inconnu en saisissant le frein de la cavale, je vais te conduire. »

Ils cheminent silencieusement. Ils arrivent au bord d'un coteau couvert de vignes. Des paysans

---

[1] Courtépée, art. *Mavilly*.
[2] *Histoire de Beaune*, par M. Rossignol, p. 37.

sont occupés à la vendange. Martin, comme autrefois Booz visitant sa famille dans les champs, les salue par ces paroles : « Que le Seigneur soit avec vous !

— Vendangeurs, crie le guide, accourez ! je vous amène le grand ennemi des dieux. Cet homme brise, sur son passage, leurs statues et abat leurs autels. Il vient détruire le temple qui est la gloire et le salut de votre contrée. Levez-vous et défendez vos dieux. »

Les paysans accourent : furieux, ils entourent le prêtre du Christ, et le menacent des serpes avec lesquelles ils cueillent le raisin. Le vénérable évêque laisse tomber sur eux un regard plein de sérénité. Ce calme désarme leur colère.

L'apôtre s'apprête à leur parler.

L'homme roux a compris que sa cause est perdue si le missionnaire parvient à se faire entendre. « Fermons la bouche à cet impie, dit-il aux vendangeurs, ses blasphèmes nous attireraient le courroux du Ciel. Crions ensemble : Mort, mort au contempteur des dieux ! Que nos clameurs étouffent sa voix. Conduisons-le au bord de la montagne, et précipitons-le dans le torrent. Vengeons, vengeons la cause des dieux ! »

La foule pousse des cris féroces, et le guide entraîne rapidement la cavale. Ils atteignent le bord de l'abîme; ils sont sur le roc qui domine le torrent. C'en est fait, le saint va périr.

Pressé de toutes parts, Martin s'écrie : « Mon Dieu, venez à mon aide; hâtez-vous de me secourir. » Il se signe, fouette sa cavale et la lance dans l'espace.

Aussitôt la terre tremble : dans cette secousse, un roc se détache légèrement de la chaîne de granit. D'un bond la cavale franchit la vallée, et retombe sur le pic opposé de la montagne. Éperdu, l'homme roux se précipite dans le torrent, comme un éclair d'un jaune soufré : sa chute fait bouillonner et fumer les eaux.

A ce spectacle, les vendangeurs demeurent stupéfaits. Ils remarquent sur le rocher l'empreinte du fouet du cavalier et les pas de sa monture ; de l'un d'eux s'échappe une eau limpide.

Le majestueux vieillard, toujours calme, regarde les paysans avec tendresse et les attend immobile sur le pic opposé.

Saisis de terreur, ceux-ci croient reconnaître dans cet étranger un être divin. Ils accourent à lui, se prosternent, lui demandent pardon et veulent l'adorer.

« Levez-vous, dit l'évêque, je ne suis qu'un mortel. Je suis un vendangeur du Christ, et vos âmes sont des grappes choisies que je viens chercher pour es offrir à Jésus. »

Il les fait asseoir sur la colline ; et là, en face du temple des faux dieux et de l'abîme où Satan a disparu foudroyé, il leur parle du néant des idoles, et leur expose la puissance, la beauté et les tendresses du Dieu de l'Évangile.

Les paysans, honteux d'avoir été si longtemps le jouet du paganisme, descendent dans le temple, renversent les idoles et ensevelissent leurs débris dans des fosses profondes[1].

Ils veulent détruire le temple lui-même. « Non, leur dit le pontife ; offrons-le au vrai Dieu, comme un trophée conquis sur l'enfer ; que Jésus soit adoré sur l'autel d'où est tombé Jupiter, et que la Vierge immaculée prenne la place laissée par Vénus.

— Oui, répond la foule, que le Christ règne et commande dans le lieu où il a terrassé les démons. »

Martin, continuant sa course, va évangéliser le peuple du val de Vauchignon.

Il arrive, à la nuit noire, dans une bourgade sise à l'entrée du vallon. Il heurte à toutes les portes, demandant un abri. Toutes sont closes ; le village est désert.

Errant à travers les rues, il aperçoit une faible clarté. Il s'approche de la fenêtre d'une chaumière ; il regarde ; il voit une femme assise près du foyer, dans l'attitude de la douleur.

Il frappe ; il n'est point entendu. Il frappe encore, la porte s'ouvre. Il est touché en voyant combien est profonde la désolation de cette femme. « Qu'avez-vous ? lui dit-il.

— Je suis veuve, répond-elle, et l'on vient d'arracher de mes bras ma fille unique pour la

---

[1] Ces débris furent retrouvés au XVIIIe siècle. « On distingue parmi eux Jupiter, Neptune, Minerve, Pan, Vulcain, Vénus, Apollon, Diane, Esculape. Gandelot les fit graver dans son *Histoire de Beaune*. » (*Hist. de Beaune*, par M. Rossignol, p. 39.)

conduire à l'autel de Teutatès[1]. Hier, le dieu, élevant la voix dans le feuillage du chêne sacré, s'est plaint d'un prêtre du Christ qui renverse ses temples et brise ses statues, et, en expiation, il a demandé du sang humain. Comme ma fille fréquentait les assemblées des chrétiens, le chef des druides l'a désignée pour victime. Il vient de l'emmener, et tous les habitants de la bourgade sont au fond de la vallée pour assister à son sacrifice. » En achevant ces mots, cette mère pousse des hurlements de douleur.

« Femme, ne pleure pas, s'écrie l'évêque, ta fille te sera rendue. Conduis-moi au lieu où doit se faire l'immolation. »

Ils marchent dans la vallée. D'abord ils n'entendent que les soupirs de la forêt; puis ils distinguent des cris lointains, des chants et les sons du fifre et des cymbales.

Ils précipitent leurs pas.

Ils parviennent à une vaste clairière, où flambe un grand feu. A sa lueur ils voient un chêne caverneux, dont la cime se cache dans les nues, et dont les robustes rameaux s'étendent au loin. Sous son noir feuillage, une foule féroce exécute une ronde funèbre autour d'une jeune fille couronnée de lierre et de verveine, et vêtue d'une tunique blanche.

Le chef des druides donne le signal de suspendre

---

[1] Teutatès était le principal dieu des Gaulois; son nom, *Tsid-had-hès*, signifie *Dieu père des hommes*.

la danse : armé du couteau du sacrifice, il s'avance pour immoler la victime.

La mère jette un cri d'effroi. Martin paraît au milieu de l'assemblée.

« Arrête, dit-il en détournant le bras du prêtre païen ; je te défends de toucher à cette créature de Dieu. Tu ne feras pas tomber un cheveu de sa tête.

— Quel est le profane qui ose ainsi troubler le culte de Teutatès ? murmure le vieux druide.

— C'est Martin, le pontife du Christ, répond le missionnaire.

— Peuple, s'écrie le sacrificateur, c'est le grand ennemi des dieux. C'est l'impie dont se plaignait hier Teutatès. Puisqu'il a eu l'audace de venir dans ce sanctuaire, exterminons-le ! Que son sang coule, mêlé à celui de la jeune fille qui avait déserté nos autels. »

Les hommes de la bourgade, toujours en armes, selon la coutume des Gaulois, tirent leurs épées et brandissent leurs haches autour du saint évêque.

Celui-ci les regarde sans pâlir. Il parle : le tumulte ne fait que grandir, et les cris de mort redoublent.

Pour vaincre cet endurcissement, Martin s'écrie : « Peuple, puisque tu ne veux pas écouter ma voix et reconnaître le vrai Dieu, je m'adresserai aux êtres inanimés ; ils proclameront sa puissance et confondront ton idolâtrie. Que la terre bénisse le Seigneur ; qu'elle loue et exalte sa souveraine grandeur :

Benedicat terra Dominum; laudet et superexaltet eum in sæcula[1]. »

Aussitôt le sol tremble, les arbres s'agitent et les rochers sont ébranlés. Et les voix gémissantes des esprits malins qui peuplent la vallée s'écrient : « Sortons d'ici ! sortons d'ici ! »

« Montagnes et collines, continue le thaumaturge, bénissez le Seigneur : louez et proclamez sa grandeur dans tous les siècles : *Benedicite, montes et colles, Domino : laudate et superexaltate eum in sæcula*[2]. »

A ces mots les collines semblent bondir. La montagne est en travail d'enfantement ; ses entrailles se dilatent, et de son sein surgit un gigantesque rocher, ayant la forme d'un autel avec deux grands candélabres. Un souffle impétueux traverse la forêt ; dans ses sifflements on distingue ces cris : « Les dieux s'en vont ! les dieux s'en vont ! » Cet ouragan brise les arbres sur son passage et se précipite sous un rocher, où il ouvre une profonde caverne.

Les gens de la vallée sont glacés d'effroi.

« Fontaines, ajoute le prêtre du Christ, par le bruit et la limpidité de vos eaux, glorifiez le Seigneur : louez et exaltez sa puissance à travers les siècles ; et confondez à jamais ces hommes que souillent les hontes du paganisme, et qui refusent de chanter les louanges du Créateur : *Benedicite, fontes, Domino : laudate et superexaltate eum in sæcula*[3]. »

---

[1] Dan. III, 74. — [2] Ibid., III, 75. — [3] Ibid., III, 77.

La montagne tremble encore : on entend à son sommet et dans ses flancs des bouillonnements lointains. Un torrent accourt et se précipite des hauteurs du rocher. Un ruisseau sort de la caverne. Tous deux sont plus limpides que le cristal, et leurs voix retentissantes s'en vont chantant le long de la vallée.

« Enfants des hommes, reprend l'évêque, seriez-vous plus insensibles que les collines et les montagnes, et vos cœurs seraient-ils plus durs que le rocher, Non ; non ; vous aussi bénissez le Seigneur, et que vos âmes immortelles louent et proclament éternellement sa grandeur : *Benedicite, filii hominum, Domino : laudate et snperexaltate eum in sæcula* [1]. »

— Nous le confessons, répond le peuple de la vallée, Celui que tu prêches est le véritable Dieu.

— Puisqu'il en est ainsi, dit Martin, abattez ce vieil arbre, dont vous vous êtes fait une idole.

— N'y touchez pas, s'écrie le druide ; ce chêne est vénérable comme ceux de la forêt de Dodone, il rend des oracles. Plusieurs fois on a cueilli le gui sacré sur ses rameaux, et Teutatès se plaît à parler dans son feuillage.

— En vérité, ce fils de Satan vous trompe, reprend le pontife ; les prétendus oracles et la voix de Teutatès que vous avez entendus ne sont que les impostures de quelque druide, caché dans le tronc

[1] Dan. III, 82.

caverneux de cet arbre. Faites disparaître cette idole.

— Malheur à celui qui portera le premier coup au géant de la forêt! dit le druide. La vengeance des dieux s'appesantira sur lui, et le poursuivra de génération en génération jusque dans le dernier de ses descendants. »

Comme le peuple hésite devant cette menace, le saint saisit une hache et frappe le chêne à la racine, en s'écriant : « Je brave la vengeance de Teutatès et des dieux, et j'appelle toutes leurs colères sur ma tête. »

Le druide, vaincu, fait un dernier effort pour sauver son idole et arrêter le zèle du missionnaire.

« Nous abattrons cet arbre, dit-il au prêtre du Christ, si tu consens à te mettre du côté où il penchera, et à le recevoir dans sa chute.

— Je le ferai volontiers pour arracher ce peuple aux ténèbres du paganisme, » dit l'évêque.

Martin détache la jeune fille et la rend à la veuve; puis il s'agenouille au pied du chêne, et se met en prière.

Les coups de hache se succèdent. Le vieil arbre semble d'abord ferme comme le roc; puis il gémit; son tronc tremble; il s'incline, il s'incline encore; il penche de plus en plus du côté de Martin.

Le vieux druide, qui préside à ce travail, sourit, tant il est assuré de la mort de l'ennemi de ses dieux.

Au dernier coup de hache, le chêne oscille, et

un effroyable craquement se fait entendre. A ce moment le saint fait le signe de croix, et l'arbre, poussé par une force divine, se détourne[1] et va écraser le vieux druide.

A ce nouveau prodige le peuple s'écrie : « Celui que tu annonces est le seul et véritable Dieu ! Nous jurons de n'adorer désormais que lui. »

Le soleil s'est levé; il éclaire la vallée. Elle apparaît aux regards de ses habitants plus fraîche et plus belle. A la voix de Martin, ce lieu, hier si sauvage, est devenu, dans ses tressaillements à la gloire de Dieu, le plus gracieux site de la Bourgogne; et sa cascade, qui brille comme un arc-en-ciel, semble placée là en signe de l'alliance que le Christ a contractée avec ce peuple.

Le saint évêque baptise la fille de la veuve dans l'eau du torrent; et, prenant du pain et du vin qui devaient servir au culte druidique, il offre sur le roc nouvellement sorti de la montagne le sacrifice chrétien.

Depuis ce temps ce rocher s'appelle l'*Autel de Saint-Martin*[2].

Après la mort du saint pontife, les habitants de Mavilly et ceux de la bourgade qui est à l'entrée du val de Vauchignon dressèrent des autels à Martin,

---

[1] Ribadeneira, *Vie de saint Martin*, t. XI.
[2] *Histoire de Beaune*, par M. Rossignol, p. 42.

et le prirent pour patron, en souvenir de ses miracles et de son apostolat [1].

[1] Saint Martin est le saint le plus populaire de France; ses légendes abondent. Elles ne peuvent prendre place dans notre cadre, ne se rattachant point à la Bourgogne; néanmoins nous croyons que le lecteur nous saura gré de citer celle-ci :

LES TROIS FERS A CHEVAL

Saint Martin, le beau capitaine,
Venait d'Amiens. Ayant erré
Sur la montagne et dans la plaine,
Il vit son cheval déferré :
Et, sans argent à l'escarcelle,
Le manteau plus court de moitié,
Il était descendu de selle
Pour cheminer galment à pié.

Arrivant au premier village,
Il demande le maréchal :
C'était un homme déjà d'âge,
A l'air sympathique et loyal.
Aussitôt vers le capitaine
Il s'avance de quelques pas,
En caressant le cou d'ébène
Du vaillant coursier des combats...

Voilà que saint Martin expose
Son accident, sa pauvreté;
Le bon maréchal, et pour cause,
Lui dit, non sans quelque fierté .
« Comme vous j'ai porté les armes,
Laissez-moi vous serrer la main,
Entrez, on trouve ici des charmes
A venir en aide au prochain. »

Il met en ordre la monture,
Dont il conserve les vieux fers,
Et, sous un berceau de verdure,
Ils vont causer gloire et revers;
Puis d'un vin rouge de la côte
Il régale le voyageur.
Le saint, charmé, lui dit : « Cher hôte,
Vous serez béni du Seigneur. »

Quand la bouteille fut vidée,
Il remonta sur son cheval;
Puis en pressant la main ridée
Du charitable maréchal :

« Dieu, reprit-il, vous récompense ! »
Puis au galop il s'en alla,
Pendant que son hôte en silence
A sa forge rentrait... Mais là,
O Dieu! là, son regard s'allume,
Son cœur est tout ravissement:
Trois fers d'or brillaient sur l'enclume,
Avec des clous en diamant.

(*Le Coin du feu.*)   Le major Auguste DAUFRESNE.

II

LE CREUX DU DIABLE

> Deus non irridetur. GALAT. VI, 7.
> On ne se moque point impunément de Dieu.

La Bourgogne est une des provinces les plus boisées de la France. Le Morvand, le Châtillonnais et le Dijonnais offrent de grandes et belles forêts. La plupart ont leurs merveilleux récits : dans les unes, ce sont des apparitions de fantômes, des assemblées de sorciers et de démons; dans d'autres, ce sont d'invisibles chasseurs appelant leurs chiens et sonnant du cor.

Nous ne citerons qu'une seule de ces légendes.

La forêt de *Velours*, dans le voisinage de Dijon, est, par ses larges avenues, ses grands arbres, ses fourrés épais, une des plus belles de la Bourgogne. C'est le parc du château de Lux. Comme tous les grands bois, son sombre feuillage, ses sourdes rumeurs, entrecoupées de solennels silences, éveillent dans l'âme la terreur et l'effroi. Cette impression redouble à l'approche d'un creux large et profond qui se trouve au milieu de la forêt.

Là le site devient plus sauvage ; le sol est tourmenté, la végétation est chétive, et, quand on aborde, on entend siffler des reptiles qui se cachent sous les buissons. Le nom de ce lieu est sinistre comme son aspect : il s'appelle le *Creux du Diable*.

Voici sa légende, qui ressemble à la ballade du *Chasseur sauvage* de Bürger :

C'est un jour de Pâques ! le carillon chante l'*Alleluia* dans le beffroi, l'alouette le redit dans les blés, le merle le siffle dans les bois, et le soleil l'écrit en lettres d'or sur le ciel bleu. Tout dans la nature semble avoir pris un air de fête pour célébrer la résurrection du Christ.

Dans le village de Lux, les cœurs répondent à cet *Alleluia*, et le bon peuple prend ses habits de fête, pour aller entendre matines et recevoir la communion. En ce jour, Jésus, le Soleil de justice, vient rajeunir les âmes et répandre sur elles un céleste printemps.

Gaston, le seigneur du village, ne comprend rien aux joies pures et intimes que ramène la Pâque chrétienne. C'est un jeune baron, fier, hautain, violent et passionné pour la chasse. Il sonne du cor et crie à ses gens : « Sellez les chevaux et amenez ma meute. »

En vain les piqueurs et les varlets lui représentent la solennité du jour et le commandement du Seigneur. « Partons pour la chasse, leur répond-il; laissons aux femmes et aux prêtres le soin de prier Dieu. Il serait dommage de perdre si magnifique journée. »

Les chevaux sont prêts, et les chiens aboient dans la cour du castel. Au moment où Gaston donne le signal du départ, le vieux chapelain accourt, et saisit le frein de son coursier. « De grâce, Monseigneur, s'écrie-t-il, ne faites pas à Dieu pareil outrage, n'imprimez pas à votre âme semblable souillure. »

Le violent baron soufflette le vieux prêtre.

Celui-ci, tendant le visage, dit avec calme : « Monseigneur, frappez encore; mais de grâce, pour votre âme, ne manquez pas aujourd'hui le service divin. Si vous le faites, il vous arrivera malheur. »

Il repousse brusquement le vieillard, et s'éloigne.

Gaston, suivi de sa meute et de ses gens, traverse la bourgade en sonnant du cor à pleins poumons. Il jette un regard de dédain sur les bons villageois qui le saluent et se rendent à l'église. « Il arrivera malheur à notre sire, murmurent les vieillards; il est haut et puissant seigneur, mais il insulte et brave plus haut et plus puissant que lui. »

Deux grands chemins se croisent à l'entrée de la forêt de *Velours*. Là deux cavaliers, plus rapides que le vent, arrivent, et se placent aux côtés de Gaston.

Celui de droite, monté sur un cheval blanc, a noble et radieux visage; un regard céleste brille sous sa paupière, et ses vêtements, qui ont l'éclat de la neige, répandent un parfum plus suave que celui de la campagne dans un jour de printemps.

Celui de gauche a la figure farouche : son regard lance de sinistres éclairs; il a le teint basané; sa chevelure est plus noire que l'aile du corbeau; ses vêtements, plus sombres que la nuit, exhalent une forte odeur de soufre; son coursier est couleur de feu.

« Amis, s'écrie Gaston, soyez les bienvenus! Vous arrivez fort à propos pour courir avec moi à travers les grands bois. Quelle heureuse journée! Il n'y a pas au ciel et sur la terre d'amusement comparable à la chasse, surtout quand on est plusieurs.

— Jeune seigneur, dit le cavalier de droite, la cloche vous appelle; entendez sa voix plaintive qui vous poursuit à travers les arbres. Retournez; il vous arrivera malheur. Allons nous agenouiller ensemble à l'autel du Christ. Déjà, avant l'aurore, j'ai ouï la messe et chanté l'*Alleluia;* je le ferai encore volontiers avec vous. Allons, le devoir accompli, le plaisir de la chasse sera plus doux.

— Chassez, chassez, noble baron, reprend le cavalier noir; n'écoutez point cet importun conseiller. Les fanfares du cor sont plus harmonieuses que le son des cloches, et la chasse vous amusera plus que les sermons des prêtres et les chants d'Église.

— Bien dit, homme de la gauche, s'écrie Gaston. N'en déplaise à ce cavalier blanc, tu es un gai compagnon comme je les aime. A nous autres jeunes seigneurs il faut de joyeux propos et de bruyants ébats; laissons aux moines leurs sermons et leurs patenôtres. »

Tous trois s'enfoncent dans la forêt.

Gaston fait détacher ses chiens. Il les caresse du regard, les flatte de la main, les excite de la voix, et les lance à la poursuite du gibier. Ceux-ci flairent le sol. La tête basse, la queue frétillante, ils parcourent la forêt.

Ils donnent de la voix; ils sont sur la piste de la bête fauve. Leurs cris redoublent; ils approchent de son gîte. Ils se glissent dans un épais fourré; ils jettent des hurlements furieux; ils ont découvert un loup de forte taille.

Le féroce animal se dresse : le poil hérissé, l'œil en feu, la gueule menaçante, il essaie d'abord de tenir tête aux limiers. Puis il fuit à travers le grand bois. Il court, cherchant les taillis les plus épais, les gîtes les plus secrets. C'est en vain, la meute ardente est toujours attachée à ses pas.

Il gagne la campagne. La chasse le suit : Gaston a sonné du cor et a réuni ses gens. On galope à travers les blés et les buissons, les landes et les prairies.

Le baron arrive près d'un hameau, d'où sort une petite bergère à la tête de ses brebis. Là le chemin est étroit et bordé de haies. L'enfant, tout en pleurs, s'écrie : « Pitié! doux seigneur; pitié!

épargnez mon troupeau; de grâce, n'écrasez point les brebis de la veuve et les agneaux du pauvre.

— Pitié, au nom de votre âme, dit à son tour le cavalier blanc; ne méprisez pas ces prières et ces larmes; elles monteraient vers Dieu et crieraient vengeance contre vous.

— Écrasez agneaux et brebis, répond le cavalier noir, cela ne doit point troubler le plaisir d'un jeune seigneur. Faut-il pour si peu laisser échapper la bête fauve!

— Tu as raison, » s'écrie le farouche chasseur. Il lance son coursier, et entraîne après lui ses piqueurs et ses varlets. Seul, le blanc cavalier se détourne et gémit.

La chasse a passé comme un ouragan, laissant après elle la désolation et la mort : des brebis sont tombées sanglantes, des agneaux sont écrasés, et la petite bergère gît sur le sol, broyée comme une fleur des champs.

Le loup fuit toujours. Il franchit les champs et les bois, les collines et les vallées, les coteaux et les montagnes. Rien ne peut l'atteindre. Les limiers tombent de lassitude, et les montures ont peine à porter leurs cavaliers.

La chasse arrive dans un val solitaire. Là, près d'une fontaine qui jaillit sous un vieux chêne, s'élèvent une petite chapelle et une chaumière entourées d'un champ de blé vert. C'est le domaine d'un vieil ermite, dont les jours s'écoulent dans le travail et la prière. Cet anachorète est l'hôtelier du pauvre et le guide du voyageur.

« Noble baron, si vous voulez m'en croire, dit le noir cavalier, nous prendrons ici notre repas; voici de l'eau pour notre soif et un gras pâturage pour nos coursiers.

— Ma foi! s'écrie le chasseur, tu as là une merveilleuse idée. » Gaston sonne du cor, et réunit sa meute et ses gens. Et, malgré les prières du blanc cavalier et les répugnances des varlets, il fait mettre ses chevaux dans le champ de blé vert.

L'ermite accourt, et dit du ton le plus suppliant : « Pitié! gracieux seigneur; épargnez les sueurs d'un vieillard; ne faites pas dévorer et fouler aux pieds par vos montures le champ qui nourrit le pauvre et le voyageur.

— Au diable les ermites et les nonnains! répond l'orgueilleux chasseur. Retire-toi, être vil et paresseux, si tu ne veux pas servir de pâture à mes chiens. »

Le vieillard s'éloigne, triste et épouvanté, murmurant tout bas : « Père, qui êtes dans les cieux, pardonnez à ce jeune homme : votre providence, qui nourrit les oiseaux du ciel et revêt les fleurs des champs, me suffit.

— Gaston, reprend le blanc cavalier, votre langage est bien dur. Eh! qui sait si vous ne devez pas à cet homme de vivre encore à cette heure. Déjà, peut-être, votre âme a été pesée plusieurs fois dans la balance de la justice divine, et sans les jeûnes, les veilles et les prières de celui que vous accablez de votre insolent mépris, elle aurait été trouvée trop légère. »

Assis près de la fontaine de l'ermitage, les chasseurs font long et gai repas. Malgré les avis du blanc cavalier, les propos sont impies et licencieux. Le jeune baron méprise les sages conseils de celui qui est à sa droite, et applaudit avec un fou rire aux discours de l'homme noir.

C'est l'heure des vêpres, l'ermite sonne la cloche de la chapelle. Ce jour-là il ne fut pas seul dans le sanctuaire; le blanc cavalier laissa ses compagnons, et redit avec lui les psaumes et les cantiques. Jamais le solitaire n'entendit voix plus pure et n'eut entretien plus céleste.

Les deux serviteurs de Dieu, sortis ensemble de la chapelle, s'arrêtent un instant sur le seuil. Ils regardent. Les chasseurs ont disparu. Le champ de blé vert est ravagé et meurtri comme si la grêle l'eût frappé; les chevaux de Gaston ont détruit en moins d'une heure le travail d'une année.

Le blanc cavalier embrasse l'ermite et se hâte de rejoindre le baron. C'est avec peine que le solitaire le voit s'éloigner. Quel est, se dit-il, ce beau chasseur? son baiser a rempli mon âme de paix et de joie; et je me sentais tout embrasé par sa présence.

Les chiens ont relancé la bête fauve. Le loup revient sur ses pas; il traverse les monts et les coteaux, les vallées et les collines, les bois, les champs et les prairies.

L'ombre des arbres s'allonge; le soleil est descendu à l'horizon. La chasse traverse une seconde fois le hameau. Un pauvre est dans le chemin encore rougi du sang de la bergère ; il attend Gaston, il saisit son manteau et demande l'aumône pour l'amour de Dieu.

« Cher baron, s'écrie le blanc cavalier, c'est un moyen de salut que le Seigneur vous envoie. De grâce, rachetez vos péchés par l'aumône ; elle est comme l'eau qui éteint le feu. Assistez le représentant de Jésus.

— Gaston, crie à son tour le cavalier noir, allez-vous pour ce manant ralentir votre course et perdre l'occasion de frapper la bête fauve?... Galopons ! galopons !

— Voilà mon aumône ! » dit le féroce seigneur, en faisant bondir son cheval et en lançant un coup de fouet au visage du pauvre.

Le mendiant jette un cri et essuie sa face sanglante.

Le loup et la chasse rentrent dans la forêt de *Velours*. L'animal est infatigable ; il brave chiens et piqueurs, coursiers, seigneurs et varlets.

Le soleil s'est couché derrière les grands arbres. Les ténèbres de la nuit se mêlent aux ombres de la forêt. C'est l'heure favorable aux sérieuses pensées.

« Ami, dit à Gaston le blanc cavalier, la journée a été mauvaise : vous avez méprisé Dieu, souffleté son ministre, écrasé la bergère et son troupeau ; vous avez ravagé le champ de l'ermite et frappé le visage du pauvre. Croyez-moi, jetez un regard suppliant vers le ciel, et poussez un cri de repentir vers Dieu.

— Peccadilles que tout cela, répond en ricanant

le chasseur. J'ai le temps de penser à mon âme. Quand je ne pourrai plus courir les grands bois, je veux porter la haire, faire largesse aux moines et aux mendiants, fréquenter les églises et marmotter psaumes et rosaires. Mais, auparavant, je veux user gaiement de la vie.

— Gaston, la vie de l'homme est courte et fragile; elle lui est donnée non pour être dépensée en folies, mais pour acheter le ciel. Je vous en conjure, au nom de votre âme, criez à Dieu merci!

— Quel ennuyeux compagnon! qu'il soit en paradis!... » s'écrie le jeune seigneur, irrité à la fois par ces instances et l'insuccès de la journée.

« Adieu! Gaston, murmure le cavalier blanc. Pourquoi n'avez-vous point écouté celui qui voulait vous sauver! » En disant ces mots, il essuie une larme, étend deux ailes blanches et prend son essor vers les cieux, laissant après lui un sillon de lumière.

Le chasseur comprend que son bon ange l'a quitté. Il regarde à sa gauche. Un frisson d'effroi parcourt ses membres, et la sueur de la mort couvre son visage : l'homme noir étend ses bras et le saisit. Il se sent transpercé par des griffes plus acérées que celles du vautour, plus puissantes que celles du lion. Il rugit de douleur et d'épouvante : il est tellement éperdu, qu'il n'a pas même la pensée de crier vers Dieu, de se signer et d'invoquer Jésus.

Le cavalier noir, tenant sa proie, frappe la terre de sa lance. Le sol gémit et s'entr'ouvre, laissant échapper un immense tourbillon de fumée. Une mer de feu bouillonne au fond d'un gouffre béant, et ses vagues brûlantes roulent d'infernales multitudes, dont on distingue les lamentations, les cris et les blasphèmes. Des flammes vertes, rouges et bleues s'élèvent de l'abîme; elles s'agitent vengeresses autour du criminel chasseur; elles se tordent et sifflent comme des serpents de feu.

« Gaston, dit le cavalier noir en lançant son coursier dans le bouillant cratère; Gaston, tu m'as écouté pendant la vie, tu m'appartiendras durant l'éternité.

— Malheur à moi! s'écrie le réprouvé, j'ai méconnu le jour du Seigneur et les conseils du bon ange!... »

Et l'abîme se referme, en formant une hideuse et sinistre cavité : c'est le *Creux du Diable*.

III

L'ABBAYE DE SAINTE-MARGUERITE

> O Jesu mi dulcissime,
> Spes suspirantis animæ,
> Te quærunt piæ lacrymæ,
> Te clamor mentis intimæ.
> (*Breviarium Romanum.*)
>
> O Jésus mon bien-aimé, espoir de l'âme suppliante, mes larmes vous appellent, et les cris de mon cœur vous réclament.

Parmi les ruines trop nombreuses éparses sur la vieille terre bourguignonne, celles de l'abbaye de Sainte-Marguerite, dans le voisinage de Beaune, sont des plus remarquables.

Ce monastère, fondé au XI° siècle, et doté richement par les sires de Vergy[1], s'élevait au milieu des bois de Bouilland dans un site à la fois enchanteur et sauvage.

Sa chapelle, construite en forme de croix latine,

---

[1] Courtépée, art. *Sainte-Marguerite.*

était un monument du plus beau gothique. De gigantesques piliers, placés de distance en distance dans sa nef, emportaient sur leurs arceaux la voûte vers le ciel. A la jonction des transsepts, quatre faisceaux de colonnes laissaient échapper de leurs chapiteaux, couronnés de roses et d'acanthes, de délicates nervures qui se croisaient sous la voûte avec une grâce infinie.

Cet édifice était remarquable par sa hardiesse et sa légèreté : des fenêtres ogivales parées de trèfles et de rosaces, des arceaux élancés et une flèche octogone, plus svelte que les jeunes chênes de la forêt, lui donnaient quelque chose d'aérien et de céleste.

L'ornementation de cette chapelle était digne de son architecture. Elle avait pour dalles de larges tombes, sur lesquelles étaient gravées des figures d'abbés, de moines, de barons, de châtelaines et de chevaliers, tous pieusement endormis dans la mort [1]. Ses murailles étaient ornées de tableaux, de statues et de boiseries habilement sculptées. De magnifiques vitraux ajoutaient à sa splendeur par leurs suaves peintures; la lumière, en les traversant, prenait une teinte douce et religieuse, et le soleil, en reflétant leur chaud coloris, semait ce sanctuaire d'azur, de vermillon et de pierreries.

On admirait le luxe et le travail du grand autel. Sur le devant de son tombeau, il portait l'Agneau divin immolé sur le livre des sept sceaux; cette

---

[1] Courtépée, art. Sainte-Marguerite.

symbolique figure était entourée de nuages d'argent jetés sur un fond d'azur et traversés par des rayons d'or.

Le tabernacle avait la forme d'une tour octogone ; ses angles étaient occupés par des anges adorateurs. Sur les quatre faces latérales les plus visibles, l'artiste avait creusé de petites cellules, où il avait placé les personnages de l'Ancien Testament qui ont le plus vivement figuré ou prédit le mystère de l'Eucharistie. Les deux cellules les plus éloignées renfermaient Melchisédech offrant au Très-Haut le pain et le vin en sacrifice, et Moïse portant le vase rempli de manne. Dans les deux autres se trouvaient David chantant sur sa harpe ce verset prophétique : *Tu es sacerdos in æternum secundum ordinem Melchisedech*[1] ; et Malachie, qui d'une main montrait le Christ et de l'autre laissait échapper une banderole où étaient écrits ces mots : *In omni loco sacrificatur et offertur nomini meo oblatio munda*[2]. Entre ces deux prophètes Jésus se tenait debout, élevant une hostie d'argent sur un calice d'or. La partie supérieure de ce petit monument était découpée à jour comme de la dentelle, et surmontée d'un pyramidon que terminait un christ en vermeil.

Cet autel était enrichi de précieuses reliques : on y vénérait une dent de saint Jean-Baptiste et des ossements de sainte Marguerite, l'illustre vierge

---

[1] Vous êtes prêtre selon l'ordre de Melchisédech.
[2] En tout lieu on sacrifie et l'on offre à mon nom une oblation pure.

martyre d'Antioche. Les sires de Vergy avaient apporté d'Orient ces trésors sacrés, qui furent le prix de leur sang répandu pour la foi dans les champs de la Syrie et de la Palestine.

Les religieux de Sainte-Marguerite transformèrent la sauvage contrée où ils se fixèrent : des chemins s'ouvrirent; les forêts se défrichèrent; le sol, jusque-là inculte, se couvrit de moissons; des fermes et des hameaux surgirent au fond des vallées et à la crête de la montagne.

Les chanoines réguliers qui desservaient cette abbaye partageaient fraternellement leurs revenus avec les malades et les pauvres. Ils desservaient les léproseries de Château-Neuf, de Meursault et de Pommard. Ils donnaient les secours religieux aux paroisses de Bessey-en-Chaume, de Bouilland, de Ruffey, de Monthelie, de Civry, d'Aubigny, de Corcelles, de Saint-Branchey, près Rouvray, et de Grosbois [1].

L'abbaye de Sainte-Marguerite était bienfaisante pour tous; elle offrait l'ombre et la paix de son cloître aux âmes agitées et aux cœurs malades; elle était l'hôtellerie du voyageur; elle donnait une généreuse hospitalité aux pèlerins qui venaient dans son sanctuaire adorer Dieu et vénérer les reliques des saints; elle distribuait aux malheureux le pain de la parole et l'aumône de la charité.

Pendant de longs siècles, elle fut la providence des habitants du voisinage, qui étaient très-pauvres :

---

[1] *Autun chrétien*, par Saulnier. — Courtépée, art. *Sainte-Marguerite*.

elle eut pour eux des remèdes et des consolations dans les épidémies, du pain dans les famines, et, au moyen âge, elle les reçut à l'abri de ses fortes murailles, quand les brigands et les gens d'armes désolaient les campagnes [1].

Au pied de la colline sur le versant de laquelle était construit le monastère, descend entre deux lisières de bois une verte et étroite vallée que ferme un banc de rocher. Au milieu de cette muraille naturelle, se trouve une large ouverture qui relie le *val Sainte-Marguerite* au vallon de Bouilland. Cette ouverture, par sa forme ogivale et sa profondeur, ressemble au porche d'une église gothique. C'est sans doute ce qui lui a valu le nom de *Portail* qui lui est donné dans la contrée.

C'est la digne entrée du val Sainte-Marguerite, que l'art et la nature avaient créé si beau, que la foi et la charité avaient rendu si saint. On admire les arcs de triomphe des anciens Romains; mais ce rocher ouvert, avec ses proportions colossales et les arbres qui couvrent son sommet, présente un aspect plus grandiose; il a la majesté d'un arc triomphal élevé par la main du Tout-Puissant.

Une charmante légende explique ainsi l'ouverture du rocher et la fondation de l'abbaye :

Jadis vivait au château de Vergy une jeune da-

---

[1] *Archives de Bourgogne.*

moiselle, belle et pure comme un ange; elle avait nom Marguerite.

Maints jeunes pages désiraient sa main : l'un d'eux était éblouissant de jeunesse et de beauté; mais son langage était peu pudique, et la perfidie perçait dans son regard et dans son sourire.

Aussi Marguerite ne voulait onques ouïr ses profanes discours; elle le repoussait disant : « Que me parlez-vous d'amour terrestre, à moi qui ai choisi pour l'éternité Jésus, le plus aimable et le plus riche des époux ? »

Le nom de Jésus était un charme divin qui faisait pâlir le beau page et le mettait en fuite.

La sainte damoiselle, suivie d'une de ses compagnes, allait quelquefois deviser de Dieu et du ciel avec un vieil ermite qui habitait au sein d'une forêt profonde.

Un soir qu'elle revenait d'un de ces entretiens, et que, montée sur sa mule, elle traversait le grand bois, elle aperçut le page qui l'attendait au détour d'un sentier.

Vite elle tourne bride; et, dans sa fuite, elle abandonne son voile aux rameaux d'une aubépine.

Rapide est la course de sa monture; mais plus rapide est celle du beau page : il est plus léger que le vent, et sous ses pieds l'herbe ne plie point.

Pour comble de malheur, la pauvrette, au lieu de suivre, comme sa compagne, le grand chemin de la vallée, s'engage dans un faux sentier que termine un long rempart de roches.

C'en est fait, elle va devenir la proie du ravisseur!... Déjà il s'apprête à la saisir, et, jetant ses mains frémissantes sur la jeune fille, il pousse un infernal éclat de rire qui remplit le vallon.

Mais, en ce moment, Marguerite se souvient de son Fiancé céleste; elle l'appelle à son secours, elle murmure son nom et s'arme de son signe.

Au nom de Jésus, qu'elle prononce avec cette foi qui remue les montagnes, le rocher s'entr'ouvre et laisse passer la mule qui emporte la vierge chrétienne.

Et le faux page, qui n'était qu'un démon,

> Comme au feu d'un bouillant cratère,
> Soudain s'abîme sous la terre,
> En laissant tomber de sa main
> Une chaste ceinture aux ronces du chemin [1].

La damoiselle de Vergy arrêta sa course près d'une fontaine, à quelques pas de la *Roche-Percée*. Elle descendit à terre, et, se prosternant, elle voua au Seigneur sa virginité miraculeusement conservée.

Plus tard, de la dot que lui laissa son père, elle composa, en l'honneur de son Époux céleste, un long cantique d'action de grâces, en élevant dans ce lieu un monastère, auquel elle donna le nom de sainte Marguerite, sa patronne.

La roche du miracle est encore debout, et les arbres qui la couronnent balancent leurs rameaux

---

[1] Jules Pautet, *Légende de Sainte-Marguerite*.

au gré des vents; mais l'eau des ravins a roulé sous son arche des décombres qu'aucune main n'enlève, et son sentier autrefois battu par les pas des pèlerins, s'est caché sous l'herbe.

Depuis près d'un siècle, les chants sacrés se sont tus sous les arceaux de la chapelle du monastère, et la désolation est venue s'asseoir dans son enceinte.

L'abbaye de Sainte-Marguerite est détruite !...

C'est en vain que la religion avec ses prières et ses bienfaits, les arts en pleurs, et l'histoire avec ses souvenirs, ont demandé grâce pour elle. La Révolution a été inflexible : elle a renversé les cellules des religieux, vendu leurs biens, détruit les verrières de la chapelle, brûlé ses peintures et ses boiseries, mutilé ses statues, violé ses tombeaux et brisé ses autels.

Après avoir dépouillé et profané sa sainte victime, elle l'a livrée à des mains avides et mercenaires, qui ont enlevé la lave des toits et démoli ses murailles.

Voici quel est maintenant l'aspect de cette abbaye :

Les cellules des religieux sont presque entièrement écroulées ; le lierre en tapisse l'intérieur, et la couleuvre et la vipère viennent s'y réchauffer au soleil.

Quant à la belle chapelle gothique, son entrée est défendue par des ronces et des épines ; sa nef et son parvis sont couverts d'arbres et de gazon. Elle n'a d'autre voûte que le firmament ; sa flèche aérienne s'est affaissée ; son sanctuaire n'a pour encens que l'odeur de la giroflée sauvage et de l'églantier ; son écho a oublié les saints cantiques, il ne connaît plus que les cris du passereau et le chant nocturne du hibou ; et le vent qui souffle à travers les rosaces des fenêtres donne une voix gémissante à ce lieu désolé.

Un poëte a pleuré sur les *Ruines de Sainte-Marguerite*. Écoutons ce nouveau Jérémie :

Etiam periere ruinæ.

Le temps, qui détruit tout, a détruit tes ruines,
Monastère charmant, gloire de ces coteaux ;
Les ronces, chaque jour enfonçant leurs racines,
Démolissent tes murs et brisent tes créneaux.

Dans le temple où jadis les moines, à matines,
De leurs pieux refrains éveillaient les échos,
Le reptile hideux rampe sous les épines,
Et le hibou, le soir, gémit sur les arceaux.

Artistes, pressez-vous... Ces choux, cette rosace,
Ces fûts corinthiens, ces chefs-d'œuvre de grâce,
Ce pilier curieux, ces symboles confus,

Ces chérubins ailés aux figures naïves,
Les jeux entre-croisés de ces souples ogives,
Peut-être que demain ils n'existeront plus [1] !...

Ce monument tombé conserve toujours son caractère religieux : ses murs dessinent encore la croix latine ; ses colonnes montrent le ciel, et des arcs de voûte, qui sont demeurés debout, ressemblent à

---

[1] *Le Collier de perles*, p. 50, par M. Joseph Petasse.

des bras élevés dont les mains seraient jointes par la prière. Ses pierres, dispersées et couvertes de mousse, exhalent de pieux souvenirs : elles rappellent les générations chrétiennes qui se sont succédé dans ce sanctuaire, les cénobites qui y passèrent leur vie, et Jésus qui sanctifia ce temple par un séjour de plus de six siècles ; à cette dernière pensée, on est porté à se prosterner et à baiser la terre, en s'écriant avec le prophète : *Adorabimus in loco ubi steterunt pedes ejus*[1] !

Ces ruines remplissent l'âme d'une profonde tristesse. On voit, à quelques lieues de là, les restes des châteaux forts de Marigny, de Mont-Saint-Jean et de la Roche-Pot. Leurs ruines touchent comme de royales infortunes ; mais elles n'émeuvent point comme cette chapelle à demi détruite au milieu des bois.

Ces châteaux démantelés ressemblent à de puissants barons qui ont perdu leur couronne et qui sont dépouillés de leur armure. Sainte-Marguerite en ruines offre à l'imagination quelque chose de plus pur et de plus saisissant : c'est une vierge chrétienne qui répandait autour d'elle la bonne odeur de Jésus-Christ, qui portait au loin les bienfaits de sa charité, et que des mains sacriléges ont massacrée au sein de la forêt. Le martyre de cette fille du ciel a été saint comme sa vie ; elle est tombée les yeux fixés vers Dieu, et les bras étendus par la prière. Ses restes exhalent un religieux parfum.

---

[1] Nous adorerons le Seigneur en ce lieu, qu'il a marqué de ses pas.

Quand le faux page viendra rôder autour de notre âme, souvenons-nous, à l'exemple de la pieuse damoiselle de Vergy, d'invoquer le nom de Jésus, et nous n'aurons pas fait une visite inutile à la *Roche-Percée* et aux *ruines de l'abbaye de Sainte-Marguerite*.

FIN DES PETITES LÉGENDES

www.ingramcontent.com/pod-product-compliance
Lightning Source LLC
Chambersburg PA
CBHW071930160426
43198CB00011B/1345